# スクワットの深さは人間性の深さ

戦略思考とやり抜く力を鍛える
最強のトレーニング

山田崇太郎
PANDA GYM代表
ZST 第5代ウェルター級王者
千葉久義
ノイン株式会社 取締役COO
PANDA GYM共同創業者
共著

# はじめに

職業筋肉、山田崇太郎です。トレーニング歴は15歳からなので、かれこれ23年ほどになります。私は格闘家としてのキャリアの傍ら、東京・人形町でトレーニングジム（パンダジム）の経営もしています。ジムの顧客にはプロスポーツ選手やビジネスマン、モデルなどそれぞれに目的を持った人たちがいます。それぞれ指導者がついていたり、自己流で色々やってみたりしたあとにパンダジムにいらっしゃいますが、なかなか求める結果が出ずにやってくることが多いです。話を聞くと、それまでやっていたトレーニングの手法が明らかに間違っていたり、過去に通っていたジムの指導者に骨格や目的に合っていないやり方を教えられたり、様々な理由があります。

健康が損なわれると、人生を楽しめなくなります。健康を保つため、健康になるための一要素としてトレーニングは非常に合理的です。ただ、世の中には成果に繋がらないトレーニング法が蔓延しています。現代は情報過多で何が正しいのか、間違っているのかの判断が非常に難しい。トレーナーもピンキリです。資格が必要な仕事でもないため、トレーニング経験すらない素人が1カ月程度の研修でトレーナーとなってしまうのです。

本書がターゲットとしているのは、運動を通じて健康を意識する人やかっこいいカラダや魅力的なボディラインを作りたいという男女です。トレーニングを愛する者としては、正しいトレーニング（個々の目的に合わせて結果の出るトレーニング）を多くの人に知ってほしいと思います。

厚生労働省によると、日本人の「平均寿命」と「健康寿命」について（ともに令和2年度版）、平均寿命は男性が80・98歳、女性が87・14歳となっています。一方で健康寿命は男性が72・14歳、女性が74・79歳とのことで、この2つを比較してみると男性は8・84年、女性は12・35年も差があることになります。机上の空論や非現実的な理想論でなく、人それぞれ生活やライフスタイルの中に最適化したトレーニングを取り入れて、日本人の健康寿命を伸ばしたい。それが筋肉を通じての社会貢献であり、私の使命だと考えています。その思いを、私のクライアントであり「パンダジム」の共同経営者でもある千葉久義との共著という形で、ここにまとめました。

２０２１年６月

山田崇太郎

撮影 福地和男
イラスト 丸口洋平
田中祐子
Getty Images
デザイン 浅原拓也
編集 藤本かずまさ（株式会社プッシュアップ）
トレーニングマガジン編集部
編集スタジオとのさまがえる
撮影協力 フィットネスラウンジ「THE NUDE」

## 第6章 スクワットは準備が大事……077



## 第7章 トレーニングの進め方……090

# 第1章 スクワットをやるべき理由

文・千葉久義

## ビジネスパーソンである私がスクワットをする理由

皆さんが人生において欲しいものを思い浮かべてください。人生を通じて一番欲しいものです。筋肉だったら本を閉じてジムに行ってください。あなたに必要なのは情報でなく、筋肉への刺激とタンパク質です。さようなら。

さて、読者の皆さんが頭に思い浮かべたのはお金でしょうか？　自己肯定感？　愛でしょうか？　性欲を満たすもの？　家庭ですか？　知識ですか？

大抵の人間は安心を欲しているのではないでしょうか。現状の生活の保障は当然欲しいし、将来孤独にもなりたくない。将来的な安心もお金があれば解決できるものは多いです。お金があれば全ての悩みが解決するというわけではありませんが、大抵の悩みはお金で解決できるのもまた事実です。

持ち家だって、老後の不安だって、子どもの学費の悩みも車も旅費もモテさえも、お金が問題であるという側面は否定できません。周囲とのわかりやすい比較という点で自己肯定感ですらも、割とお金で解決できる部分はあります。

ただし、そんなお金でも解決できないものが健康です。健康は、要約すると筋肉です。筋肉はお金でアドバンテージを得ることは可能ですが、（少なくとも現在では）筋肉へ注ぐ努力なしには得られるものではありません。情報過多で正解を見つけづらい世の中ですが、まともなトレーナーを利用することで最適解に近づけることは間違いありません。

もちろん、お金があることで高度な医療を優先的に受けられたり、ちゃんとした食事を選べたりもできるでしょう。十分な教育を受けていない人は食事に対しての意識が低い傾向にあり、そして経済的にも不利なことが多いため選択が限られます。果物や野菜をそこそこ摂取しようとしたらけっこうお金はかかります。オーガニックなんて高すぎてもってのほかではないでしょうか。

私は東京大学を卒業後、東大の大学院で物理（惑星科学）の修士号を取得し、その後、電通に就職しました。電通を退職後に当時できたばかりのＧｕｎｏｓｙに移り執行役員を務め、現在はまたスタートアップで化粧品のＤＸ（※）を推進するノインの

DX…デジタルトランスフォーメーション（Digital Transformation）。デジタル技術により、日常生活に変革をもたらすこと

取締役をしています。学歴も職務経歴もそこそこの経済力もあり、充実した趣味も持っています。なんなら筋肉まであります。

あなたが私より優れている点はありますか？　もしないのなら、私の話も多少参考になるかもしれません。

私のこれまでを支えてきたセルフマネジメントで最も大きいポイントはスクワットです。そう、大事なことはスクワットだけでした。

確かにスクワットをせずともある程度の成果は残せたかもしれません。しかし、スクワットを通じてさらなる高みを目指した結果が、今の私です。スクワットのおかげで大抵のことに対して対処できるという自信がつきました。スクワットのおかげで物理的な暴力にも筋肉で対処できるようになりました（しないけど）。

勘違いしてほしくないので、大事なことを伝えます。スクワットをするだけでは知性は身につかないし、お金も貯まりません。貧乏なマッチョはジムに溢れています。悲しいことに筋肉では全てを解決できないのです。貯筋しても貯金はできません。

ただし、あなたがキャリアアップや仕事における成功に対し、適切な努力をできる人間で、向かう方向も間違っていないなら、スクワットはあなたの成功をスピードアップさせることは間違いありません。

## なぜ私がトレーニングをするのか

私がトレーニングを本格的に始めたのは30歳を過ぎてからです。それまではダイエットのためにジムにちょこっと行ってみてはトレーニングしたつもりになって、少ししたら行かなくなって、のようなことを繰り返し、特に成果らしい成果も実感できずにいました。なんとなくトレーニング種目のやり方などを教えてもらったりもしましたが、感覚的な指導で効果や実感はありませんでした。

当初の目的は、体型維持やダイエットといったかなりライトなものです。社会人になって会食も増え、お酒の量が増えるにつれて体重もダラダラと増えていき、体型もだんだんとだらしないものになっていってしまいました。ある日、後輩とサウナに行ったときに「めっちゃ太りましたね」と言われたことがショックでジムに行こうと決意しました。

トレーニングについての知識はほぼなかったのでジムでやったことはランニングをしてみたり、腹筋をやってみたりというものでした。なんだか汗をかいてすっきりした気にはなるものの、食事も酒も全く変わっていないので焼け石に水で効果らしい効果はありませんでした。

また、ランニングとなると1時間以上走ったりするのでそもそも時間の捻出が難しく、仕事が忙しいとそれを言い訳に運動の機会は減ってしまっていました。当時の状態を思い返すと仕事では絶対にやらないようなミス（計画策定や振り返りをしないでただ頑張った結果うまくいかない）をしているなと恥ずかしくなります。

そんな中でなんとなくSNSで知っていた山田崇太郎から指導を受けるきっかけがあり、効果的なトレーニングの存在を知ったというのが私がトレーニングを本格的に始めるに至ったきっかけです。またそこで知ったのがスクワットです。スクワットは私のトレーニング観と身体を変えました。スクワットにより深くしゃがむことで、私の人生は激変しました。

## トレーニングと仕事や勉強との類似性

仕事や勉強で成果を出すために必要なことは何でしょうか？　色々と意見はあるかと思いますが、ある一定以上の成果を出すにあたっては、計画性を持って継続することだと私は思います。つまり、ゴールの設定を行い、そこに到達するまでのステップに分解し、自分が今できること、できないことを整理し、できないことについてはどのような手段でそれを補うことができるのかをリストアップし、プロコン（※）を整理した上でやることとやらないことの取捨選択をする。ある一定期間が経過したら、その選択した手法が正しかったのかについて振り返り、そこから先の方針を決定する。ごくごく当たり前の作業ですが、これを続けるところにしか「達成」はないのではないでしょうか。

仕事においてこれが当たり前にできているのに、ことトレーニングとなると全くできていない人が多いです（私もそうでした）。時間がないなら効率よく鍛えられることをやるべきなのに、なんとなくトレーニングをして時間を最大限有効活用できていないという情けない状況…。この情けない状況を打破するきっかけとなったのが、山田との出会いでした。

しっかりと計画を立てながら目標に向かうという正しい努力をすれば、ある一定のレベルまでは誰でも必ず到達します。少なくともダイエット程度なら成功しないわけがないです。習慣化やある程度の我慢は必要ですが、受験や資格試験の勉強よりもはるかに軽い努力の範囲でしかありません。今は割とトレーニング自体が好きで、目的が「ダイエット／体型維持」というところから「重たいものを持ち上げる」というところに変わってきています。



プロコン…Pros/Cons（Pros & Cons）。
良い点（Pros）と悪い点（Cons）

## スクワットと健康

　私のスクワットによる健康効果の実感は腰痛の軽減にあります。トレーニングを始める前までは、姿勢が悪かったからか腰痛がひどく、腰をかばうような姿勢を自然と取るためにバランスが悪くなり、さらに腰痛を引き起こすという負のフィードバックに入っていたように思います。あとにも触れますが、トレーニングにおいて姿勢は最重要と言っても過言ではありません。正しい姿勢で体幹を固めて高重量を扱えるようになっていくにつれ、腰痛が軽減されていくのを感じました。股関節の可動範囲を学習することにより、これまで無理に腰を曲げることで行っていた動作が、股関節から稼働させて無理ない関節可動範囲の動作となったことで腰の負担も減ったのでしょう。

　脚の筋力もついたことで腰にかかる負荷を（股関節と膝関節に）分散させられるようにもなり、結果として腰痛はかなり軽減されました。「身体の正しい動かし方」と言われてもこれまで不自由を感じたことがないので、こうしたことは意外にみんな知らないものです。

トレーニングを通じて体力がついたこともタフな仕事において疲れにくくなるという副次効果の一つかもしれません。当初の目的であった「ダイエット／体型維持」についてもスクワットにより非常に効率的に行えています。私の普段のトレーニングはスクワットを中心に行っていますが、ジムの滞在時間は短いと30分程度でシャワーまで浴びて出てこられるようなものです。朝、出勤前に会社の近くのジムに立ち寄りサクッとトレーニングをする程度で体型維持は行えています。

筋肉格言

**大切なことはスクワットだけ。学問に王道なし。されど、トレーニングにキングオブエクササイズあり**

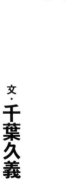

# 第2章

# ビジネスにおけるスクワット活用法

文・千葉久義

## ビジネスとスクワット

トレーニング全般とビジネスの関係はよく語られるところで、ハイクラスのビジネスパーソンの多くがトレーニングを朝から行っているというのは一般によく知られていることだと思います。パンダジムの顧客にもパーソナルトレーニングを早朝から希望されるビジネスパーソンが多くいます。朝からスポーツ選手並みに追い込んで仕事に向かう彼らを見ると、「トレーニングで疲れた」と言っているのが少し恥ずかしくなるくらいです。

確かにトレーニングは計画性が非常に重要で、メニューの組み立てやそもそもの時間捻出のために仕事を計画的に進める必要性が出てきたり、運動習慣がつくことで健康になり、仕事がきついときに体調を崩しにくくなったりなど、いいことはたくさんあります。また、非常に基礎（フォームやインターバルの取り方など）が重要で、仕事や勉強ととても似ていると言えます。その意味では学歴の高い方は計画性を持って行動できる傾向にあり、トレーニングの効果が見た目にも数字にも出やすいというのは山田も「これまでに指導してきた経験値と重なる」とよく言っています。

## スクワットの「超」重要3要素

なかでもキングオブエクササイズであるスクワットは仕事にも一番効果的であると言えます。スクワットにおいて重要なことは3つあります。「フォーム」「集中力」「精神力」です。

### ・フォーム

フォームは言わずもがな重要で、これが崩れると怪我の原因にもなりますし、高重量を扱うことが難しくなります。人間の身体に合った、正しいフォームを身につけることがまずは大事です。深く息を吸い込み、腹周りに力を込め、背中を固めて深くしゃがむという基本が、使用重量が上がっていくとなかなかできなくなってしまいます。

スクワットのフォーム、動作で最も重要なのが「ボトム」、つまり、しゃがみ切った局面です。「どこまで深くしゃがむのか」は効果にも直結しますし、常にトレーニーの間でも話題になるところでもあります。スクワットで一番つらく効果があるのはしゃがみ切ったところなので、しゃがみが浅く一番おいしいところを逃してしまっているスクワットはトレーニーからは嘲笑の対象です。私もSNSにスクワットの動画をアップするときは、スクワット警察に見つかっても恥ずかしくないフォームになっているかを確認しないと怖くて投稿できません。とにかく深く、誠実に！

・**集中力**

スクワットが他のトレーニングと明らかに違う点は高重量スクワットにおける「潰れることへの恐怖」です。「下手すれば死ぬのではないか」とすら思える重量と向かい合うため、一瞬で集中しなくてはならない状況に自分を持っていく必要があります。アームカールをしているときは「今日の飯は何を食べようかなぁ」とか、サイドレイズをしているときは「連休の予定はどうしようか」とか、雑念を持ちながらトレーニングをすることがありますが、スクワットにおいてはありえません。そんなことを考えていたら死にます。一瞬で集中モードに入らないと危険です。現代社会で死を身近に感じる機会はそうないでしょう。日常的に集中モードに入る練習ができるという点でスクワットにまさるトレーニングはありません。デッドリフトはバーから手を離せばいいですが、スクワットは立ち上がるのを諦めたら重量がのしかかり続けます（安全のためセーフティーバーをセットしましょう）。

仕事において最も重要なことは「集中力」だと私は思います。ピンチな場面に突如追い込まれた際、集中して最高の解が導き出せるかどうかはとても重要です。意識的に集中しなければならないタイミングを無理やり作ることに慣れておけば、仕事において集中力が必要になったタイミングで自然と集中モードに切り替えることができるのです。

## ・精神力

意外と見落とされがちですが、スクワットにおいて精神力は本当に大事です。やってみればわかりますが、スクワットは本当につらいです。つらいトレーニングをわざわざ自分から進んでやるのですから、普通の神経ではありません。ちょっと壊れています。後輩や友人でスクワットを一緒にやると（立てなくなって）土下座の姿勢になって「許してください」と言ってくる人は少なくありません。少しずつ強度を上げていけば違うかもしれませんが、それでもつらいことに間違いはありません。スクワットを続けるということは精神力を鍛えるのに最も適した行為だと思います。事実、私たちのクライアントでスクワットを続けている方は異常な精神力で仕事のタフな交渉を乗り切っていますし、タフなトレーニングもこなしています。

## 思考を整理するためのスクワットとサウナ

私は嫌なことがあると意識的にスクワットをすることをオススメしています。スクワットには思考の整理を行う効果もあるのではないかと考えているからです。頭のメモリには制限があり、複数のことを考え続けていると一つひとつについて思考はどうしても散漫になります。スマホでアプリをいくつも立ち上げていると動きが悪くなるような感覚でしょうか。

実際に私は高重量スクワットとサウナを思考を強制停止するためのツールとして使っています。一見なんの関連性もないこれらですが、関係があります。脳の疲労は脳を休ませる（≒何も考えない状態を作る）ことで取れることがわかっています。忙しいビジネスパーソンだけではなく、日常を過ごしていると色々と考えることが多いのではないでしょうか。また重要な要件であればあるほどずっと考えすぎてしまうため、何も対処しなければ脳が疲れすぎてしまいます。そのために活用しているのがスクワットとサウナです。これらを活用することで強制的に全てを忘れる機会を捻出しています。

「考えすぎること」がスクワットによってなくなるというのは、どういうことでしょうか。悩み事を抱えているときのことを想像してみてください。何をやるにしてもそのことが頭から離れず、ずっと考えてしまい、忘れようとしてもどこかで気になり、仕事全体のパフォーマンスが低下してしまう。本当はやらなくてはいけなかった重要なことなのになぜか考えから抜け落ちていて、重大なミスに発展する。仕事のことばかりで家庭がおろそかになってしまう等々、様々な弊害が経験としてもあったりするのではないでしょうか。

これは脳のメモリに限界があり、処理できる情報量に限界があるためです。どれだけ能力が高い人もマルチにこなせる量は限られています。いかに効率的にタスクを処理していくか、割り振ったりしていくかというところでインプットにかかる時間や最終的なアウトプットの質は変わってくるのです。事実、効率がいい人は、考えることの数を意識的にコントロールする術を持っていることが多いです。

強制的にアプリをシャットダウンするように、思考の外に追いやって一旦考えなくするという効果が高重量のスクワットにはあります。これはサウナも同じ効果があるようで、サウナ室の中では最初は色々と物事を考えられますが、10分も経過すると「熱い！　早く出たい！」と一瞬は家庭や仕事の嫌なことを強制的に考えられなくなる時間を持てることで脳にいい影響を与えるということが慶應義塾大学医学部特任助教・日本サウナ学会代表理事の加藤容崇先生の著書などで報告されています。これはお風呂では代用できません。

スクワットも同様です。潰れるかもしれないという苦しいとき、他のことなんか考えていられません。強制的に思考の外に物事を一旦置いてくることができるというのは「思考が整理できる」「ストレスを溜め込まない」ということに一役買っているのではないでしょうか。

スクワットを終えてジムを出ると、さっきまで悩んでいたことの解決策が意外とあっさり出てきたり、どっちでもいいことであればスッキリ忘れて別のアイデアが浮かんでいたりするのはよくあることです。これは身体を動かすことでストレスが発散できスッキリするという効果以外の、スクワットならではの副次効果ではないかと私は思っています。色々考えすぎてしまうという鬱の症状をサウナが改善する可能性があるという報告もありますが、あくまで私個人の経験則ですが、スクワットにも似たような効果はあるかもしれません。注意しなくてはいけないのは、軽いスクワットではこれは意味がありません。

## スクワット性格診断

私はかねてより、「面接にはスクワットを導入すべき」という持論を展開しております。なぜならスクワットほど、その人の性格が顕著に現れるものはないからです。次にその具体例を紹介します。偏見でも思い込みでもなく、私の中にある真実です。

### ①スクワットが深い人は人間性も深い

スクワットのしゃがみの深さはほぼ人間性とイコールです。スクワットは世の中で一番つらいものです。ここに異論は認めません。彼女にふられることよりも、仕事で上司に叱られることよりも高重量のスクワットはつらいものです。そんなスクワットで深く、誠実にしゃがむ人間は絶対に仕事で嘘をつきません。なぜなら彼は世の中で一番つらいことができる人間だからです。ある程度のバカでも採用すべきです。

## ②スクワットが浅い人は人間性も浅い

逆に言うと高重量をつけ、浅いスクワットをする人間を私は絶対に信用しません。見た目的にはガチャガチャと高重量を扱っている姿には憧れるものかもしれません。しかし、浅いスクワットでそんな高重量を扱うよりも、多少軽くても深くしゃがむほうがはるかにつらく、効果もあります。自分には過分な重量設定をして浅いしゃがみをする人間は、人間の底も浅いに決まっています。そういうやつに限ってホウレンソウ（報告・連絡・相談）もできず、家では弱い相手に対してＤＶをしているに決まっています。不採用です。

## ③重量設定が甘い人はプレッシャーに弱い

深さはもちろんのこととして、「どこまで自分を追い込めるのか？」ということは仕事で非常に重要になってきます。たとえ深いスクワットだとしても、自分にとってその重量が軽すぎれば、あまり意味がありません。しっかりと自分の限界値を見据え、そこに合わせた重量設定でトレーニングに取り組めるのかというところが非常に重要です。絶対重量よりも、自分個人の相対重量が重要になってきます。

きつくもない重さでのスクワットしかしていない人間は、仕事の土壇場で逃げ出すに決まっています。ずっと結婚を迫られる彼女にも優柔不断な態度を取って泣かせるようなクソ野郎です。不採用です。

電通鬼十則にもあるように「大きな仕事と取り組め、小さな仕事は己を小さくする」。人間、小さくなっては仕方ありません。大きな仕事（高重量スクワット）に取り組みましょう。

## ④テンポの悪いスクワットをする人はチームプレーができない

高重量で深くしゃがむスクワットは非常につらいものです。つらいが故に、立ち上がったところで息を整えたり、リズムの悪いスクワットになってしまったりする人がいます。レップ間の休憩はある程度取らないといけませんが、必要以上に休憩を取っている人もよく見かけます。こういう輩は周囲への配慮に欠けます。スクワットはメトロノームのようにテンポよく正しいリズムで行うことが重要です。

周りへの配慮に欠けるスクワットをする人間はチームプレーができず、仕事において重大なミスを犯します。また、プライベートでも異性への配慮が足りず、自分勝手なセックスをしているに決まっています。不採用です。

## ⑤足幅が狭いスクワットをする人は外交的

スクワットの足幅が狭い人は了見も狭い、なんてことはありません。これはむしろ筋肉の形を見れば、その人が外交的な人間であることは明白です。スクワットの足幅が狭い、いわゆるナロースタンスの人は太ももの外側、外側広筋が発達していることから分かるように外部に対してのアピールが非常に上手で、人付き合いもできる外交的な人間であることが理解できます。

ナロースタンスのスクワットではボトムの切り返しがスピーディーにできるという特性を考えると、彼は現場からボトムアップで意見を上手に上司に伝えることができるでしょう。いいナロースタンススクワットをする人間が面接にきたら、現場のリーダークラスとして多少仕事面で不安があっても採用しなくてはなりません。

## ⑥足幅が広いスクワットをする人は管理者向き

足幅が広い、いわゆるワイドスタンスのスクワットを行える人は内転筋や内側広筋が発達していることからもわかるように、内向きのコミュニケーションに非常に強いことは明白です。内部コミュニケーションを非常に円滑に行えるため、ワイドスタンスのスクワットができるようになってきたら管理職への昇格を検討するタイミングです。

## ⑦上体を過度に倒すスクワットをする人は謙虚にみせようとしている

股関節を軸に上体を過度に倒すようなおじぎと見間違うようなスクワットフォームの人は総じて虚飾の可能性が高いです。重りの位置エネルギーを変化させることに終始しており、上体を倒しているため重りは下がっていますが、一番重要なしゃがみが浅い（仕事を完遂しない）こともしばしばです。

　謙虚さをウリにしてはいるものの、とりあえず頭を下げればいいと思っているフシがあるのか、しゃがんだつもりでしゃがめていない。股関節を引きすぎて膝と足首が曲がらず、足元が疎かになっています。仕事でも小さなミスを重ねてしまう傾向があることは明らかです。

　謙虚に見えて第一印象がいい可能性もありますが、他のフォームのスクワットも試す必要があります。これだけを見て採用を決めるのは危険です（なお、モーメントアーム（※）が短く、不自然な位置に負荷が乗るわけではないので腰を痛めることはあまりなく、高重量も扱いやすいフォームなのは事実です）。

モーメントアーム…回転軸と力の作用線を結んだ垂直距離

## ⑧上体を起こしたスクワットをする人はプレゼンがうまい

上体を起こしているスクワットは人間の自信の現れです。「姿勢は姿形、内面を表す」との言葉がありますが、自信満々です。そのフォームで使われる大腿部の強さは揺らぐことのない自信の象徴とも言えます。このスクワットを行う人は、人前でプレゼンを行うのがうまいでしょう。重要案件を他社にプレゼンしなくてはならない場合、スクワットのフォームを見て発表者を選ぶと、ほぼ確実に受注に繋がります。

このようにスクワットでその人の人間性を完全に理解できるのは明らかです。経営者の皆さん、スクワットを面接に取り入れましょう。

## 山田崇太郎との出会い

山田と出会ったのは私が30歳のときです。私はもともと体を動かすのは好きでしたが、本格的に指導者についてトレーニングするということは全くしていませんでした。なんとなくジムに行ってみたり、キックボクシングを習ってみたり、ダイエットのために走ってみたり、会社の友人とフットサルをしたりという感じです。憧れていたかっこいいカラダのイメージはなんとなくありましたが、そこにどう到達したらいいのかの具体的な方法論なんかはあまりしっかり考えたことはありませんでした。今考えると、プロスポーツ選手になるような運動センスのようなものとかっこいいカラダを一対一対応で考えていて、自分には難しいと勝手に思い込んでいたのかもしれません。

ツイッターで知っていた山田にふとしたきっかけで話しかけたことがあり、一度トレーニングの指導を受けに行ったことが最初の出会いです。それまでパーソナルトレーニングの類いはいくつか受けたことがありましたが、正直あまりピンとくるものがなかったのが本音です。少し余裕を持って扱える重量でのエクササイズをさせられて、「横で数を数えるだけ」みたいな人が多かった印象です。しっかりした人もいるのかもしれませんが、私の体感的には身体の構造やこれまでのスポーツ遍歴などを考慮した上で個々人に合わせた指導ができるという人は全体の10%にも満たないのではないかと思います。

山田の指導はこれまでになかった知的なもので、ロジカルでとても理解しやすかったのが印象的です。私もここから本格的にトレーニングをするようになり、自宅に耐荷重300kg程度の鉄棒を特注して設置したり、彼が指導するパーソナルトレーニングのジムを共同で経営したりするようにもなりました（私はほぼ何もしていませんが）。

スクワットとその利点、仕事へのメリット、活用法などはご理解いただけたかと思います。では、ここからはいよいよ実践です。次章より、具体的なトレーニング方法については山田から説明してもらおうと思います。

筋肉格言

**スクワットは人間性を映す鏡！**
**スクワットで重量も業績も挙げよ！**

# 第3章 フィットネス業界の実情

文・山田崇太郎

## そのトレーニングは本当に正しいのか

トレーニングにまつわる書籍に目を向けてみると、スポーツ選手がトレーニングの手法を記したものはこれまでいくつも出版されてきました。しかし、正しいトレーニングを伝える書籍となると、なかなかありません。スポーツ選手が自身の体験をもとに語るトレーニング関連の書籍は多くありますが、スポーツ選手が語るものはその人の経験にのみ依拠する部分が多く、信頼性の観点で疑問が残るものが多いと感じています。

例えば、「腹筋を割る」目的で体幹トレーニングを勧めるトレーナーがよくいますが、体幹トレーニングの代名詞とも言えるプランクにおける腹直筋の筋活動と自重でのスクワットの腹直筋の筋活動は同程度です。「腹筋を割る」という目的のために体幹トレーニングを取り入れるのはナンセンスです。体幹トレーニングは「体幹の使い方を学習、強化するもの」であり、「腹筋を割る」ために考えられたものではありません。

体幹トレーニングが上手くなればなるほど、種目の難易度や強度を高めなければ効果は低減します。バランス要素が向上しラクに行えるようになってしまい、刺激は弱く、当然「筋肉に刺激を与える」という意味では効果も薄くなります。

私は昔からスポーツ選手やトレーナーだけにトレーニングの啓蒙を任せてはいけないと思っていました。建物を建てるなら建築の専門家に、手術を受けるなら医師に任せたほうがいい。アメリカ大統領のジョー・バイデン氏が科学重視の国家戦略を打ち出し、その一方で子どもたちが科学を敬遠する今、科学の解説書はとても貴重です。一般の人たちが科学を深く理解し、科学に対してのリテラシーが上がることが科学の地位を上げ、ひいては科学の専門家のレベルの底上げにもなる。これはトレーニングにおいても同様です。

トレーニングについては謎の理論が跋扈《ばっこ》しており、それが正しい知識の伝達を妨げているように感じています。そこでこの本では一般的なトレーニング関連の書籍とはちょっと違う類いのものを目指します。本書は一般の方がトレーニングをもっと身近なものとして感じ、正しい知識が行き渡ることに貢献することを目的にしています。お読みいただくことで、専門家と言われているはずのトレーナーやスポーツ選手がなぜ間違ったことを平気で喧伝するのかもわかるようになるのではないでしょうか。

## スポーツが上手≠トレーニングが上手

いわゆる「いいカラダ」をしている人はスポーツを競技として行っていたり、スポーツを習慣としていたりと、スポーツが得意である確率が高いことは皆さんの周囲を見ていただいても納得感のあることなのではないでしょうか。運動音痴のマッチョはあまり思い浮かばないかもしれません。

しかし、運動音痴のマッチョは存在しえます。というのも「スポーツ」と「トレーニング（ここでは筋トレを指します）」は目的が異なるのです。しかし、この点はあまり理解されておらず、ここに謎理論が広まる原因があります。

どういうことかと言うと、スポーツの目的は当然ながら競技での成果を出すことです。速い球を投げる、押されても倒れないようにするなど、そこで求める目的は「競技の成果」です。一方で「身体作り」のトレーニングはある部位の筋肉に刺激を与え、理想の身体を作るということが目的なので、身体に無理をかけて重たいものを挙上するのが目的ではありません（パワーリフティングは挙上記録を争う競技なので目的は重たいものを挙上することになります）。

この、競技の成果を求めるか、ボディメイクを目的とするか、というところにはかなり大きな違いがあります。競技の場合、身体の連動性を重視し、例えば「腰を回す」という表現がよく使われますが、回るのは胸椎と股関節。胸椎や股関節の回旋をうまく利用して力を伝えるというような効率のいい身体の使い方をするのに対し、トレーニングではあえて連動性を殺し、狙った部位への刺激を入れるという全く逆のアプローチをすることがあります。こうした動作は、スポーツで連動性ばかりを意識してやってきた、いわゆる「運動神経のいい人」には、慣れるまで難しかったりします（もちろん誰でもトレーニング次第でできるようになりますが）。

## なぜ間違った理論が広まるのか

先にも述べましたが、スポーツ選手が「いいカラダ」をしていることと、その競技（例えばサッカーやボクシング）は、直接的な関係はありません。サッカー選手は走ることが多いため、脚の筋肉が発達しやすく、引き締まった身体である傾向にあります。

しかし、ボディメイクの観点でいくと、有酸素運動で走り回るよりもスクワットをして脚の筋肉に直接的にアプローチしたほうが効率的です。スポーツを否定するという意味ではなく、「ボディメイクのためにサッカーを行う」というのは少しズレた発想であるという意味です。楽しみながら継続して運動するという意味においてスポーツは有効ですが、ボディメイクの直接的要因とはならないのです。

当然のことながら、トップになれずにスポーツ界から去っていく人はとても多いです。一般企業に就職する人もいますが、ある一定ラインの年齢を超えてしまい、社会人経験も乏しいため、資格の必要もなく、初期投資もかなり少なく開業できる「パーソナルトレーナー」の道を選択する人が一定数います。個人的にはここに間違った理論が流行する悪因があるように感じています。「元プロ〇〇選手」はスポーツにおいての指導力はある一定レベルの可能性はありますが、ボディメイクのようなトレーニング指導となると知識も経験も乏しい人が多いのは一般にあまり知られていません。

何が言いたいかというと、運動が得意であることとトレーニングが上手だったり指導ができたりということは必ずしもイコールにならず、習う人は指導者をしっかりと選ばないと思ったような効果は出にくいということです。私は自分が格闘技を始めるまで運動経験もなく、運動神経もいいほうではありませんでした。トップアスリートにありがちな感覚的な説明は理解できないし、理解ができないのでそういう指導もできません。できない人の気持ちや悩みには誰よりも共感できます。

そこからできるようになるプロセスや経験が私にはあります。感覚的な指導を言語化し、自分が納得できるように論理的整合性を構築していきました。この経験が今、トレーニング指導をする上で幸いしています。

物理学の視点からの動作分析や、モーメントやバイオメカニクスの理解、解剖学から身体の構造を学んだので、どういった動きが適切なのかわかります。筋肉の名前を覚えるだけではなく、どの動きでその筋肉や関節が使われるのか、動作の順番、重心、全体のボリューム、頻度、トレーニングへの姿勢、モチベーションの維持などなど、トレーニングは奥が深く学ばなければいけないことはたくさんあります。

幸運なことに優秀な先生方に質問をできる関係にも恵まれました。間違っても注意してくれる大人が周りにいたことで正しくトレーニングを学べました（相当な無茶も経験していますが）。

近畿大学の谷本道哉先生にご教授いただいた経験は財産ですし、スタンダードなトレーニング理論、トレーニングフォームを学べました。先生自身のハードすぎる選手生活と高重量トレーニングで関節を壊した実体験から関節に負担の少ないトレーニング法について教えていただきました。何より大きかったのは先生のトレーニングに関しての倫理観でした。

「魂を売って嘘をつくな」

この教えのおかげでフェイクのトレーニング法に手を染めずに、これまで「職業筋肉」として過ごせています。では、具体的にどのように実践すれば、どのような効果を得られるのか。次章より解説してきます。

**筋肉格言**

**筋肉は嘘をつかない。**
**筋肉にも嘘をつくな！**

# 第4章 これだけあるスクワットの効果

文・山田崇太郎

## 「職業筋肉」としての使命

私は何のためにトレーニングしているのか？　なぜ筋肉を鍛えているのか？　それは強くなるためでした（強くなったらモテると思っていました）。青年期って漠然と強さに憧れって抱くと思うのですが、「空手バカ一代」を読んで感化される15の私。その第一巻の冒頭に記載されていた、この文章。

事実を事実のまま
完全に再現することは
いかに
おもしろおかしい　架空の

物語を生みだすよりも
はるかに困難である――
（アーネスト・ヘミングウェイ）
これは事実談であり……
この男は実在する!!
この男の一代記を 読者につたえたい一念やみがたいので
アメリカのノーベル賞作家
ヘミングウェイのいう「困難」に
あえて挑戦するしかない……
わたしたちは 真剣かつ冷静に この男をみつめ……
そして その価値を 読者に問いたい ……!!

ネットが普及するずっと以前のことです。真偽を確認する術が少なくて、こんなの信じちゃうじゃないですか。ヘミングウェイの名言集読んでもこの一節が出てこない問題。梶原一騎に踊らされていたのでしょうか。

そこからが始まりでした、筋肉との戯れが。もともと私はインドア派で、小学校・

中学校のころは勉強とゲームだけで生活が回っていました。なんなら生徒会役員。運動なんてしたことない。だからスポーツ選手の感覚的な説明が腑に落ちない。言われても、それができない。私の脳が悪いのか、指導者の伝達能力が低いのか、その責任の所在を探しても、できるようにならないと解決しない。

「腰を回せ」って表現しますが、腰椎は回らない。脇を締めて手を伸ばせって、手を伸ばしたら脇は開く。矛盾。

ただ、「感覚」は間違いじゃなくて股関節を回旋することで腰の位置を回すことはできる。私は自分の感覚と、その動作を説明する言葉を繋ぐ作業をする必要がありました。そうした言語化して解剖学と照らし合わせる作業は、現在の私の指導にも役立っているように感じます。

格闘技を始めたのは18歳からです。鍛えた筋肉の使い道を探して格闘技を始めました。「使える筋肉」じゃなくて「使いたい筋肉」。首を絞めることや関節技が好きで、解剖学を学びながら、そこで得た知識を多くの人体で試すことができました。それは倫理的な配慮からは実践できない経験でした。

人によってサイズや形状の違いはもちろん、関節の構造にも個体差があり、多様性があります。しかし、その中に共通項も存在し、原理原則はあります。それを踏まえた上で、人によって関節技をアジャストしなければならないように、トレーニングでも個別性に応じてフォームを修正したり、エクササイズを選択したりしなければいけません。

大枠のルールやセオリーはあっても、全ては型にははめられない。そこを無理に当てはめても、関節技は成立しませんし、トレーニングでは、関節に負担をかけたり効果を引き出せなかったりしてしまいます。

そんなこんなで首を絞め続けて数年が経ち、ふと我に返ります。まともな人生じゃない。国民の3大義務はどうしたと。親を安心させたいし、会社員にでもなろうと決意します。そのとき初めて履歴書を書いてみて気づきました。特技欄に書けることが「首を絞めること」だけだったんです。運転免許もありません。人の首を絞めることに夢中になることで自分の首を絞めていました。

私に残されているもの、他人との差別化を図れるもので、かつ一般の人と親和性があるものは筋肉しか残されていませんでした。格闘技村から出て社会の一員として過ごすなら、社会貢献の共通言語となるのは筋肉。社会からは首の絞め方は求められていませんでした。そんな私が選んだのが、トレーナーとして多くの人の健康に寄与する生き方でした。そこで発見したのがスクワットの驚くべき効果です。

## スクワットとは何か？

「スクワットとは何か？」。毎日考えることですが、私の答えは「哲学であり、人体の教科書であり、私にとっての先生」です。スクワットから学んだことは数え切れません。

しゃがんで立ち上がる、一言で言えばそれだけの運動ですが、この合理的でシンプルな動作の中に様々な奥深さがあります。「キングオブエクササイズ」とも呼ばれるのがスクワットです。人体に備わる関節可動域をフルに使え、連動して動作するため機能的な破綻が少なく、しっかり負荷をかけることができます。また、漸増的に負荷を伸ばしていけることは、トレーニングとして非常に重要なポイントです。

「スクワットは身体のどこを鍛えるのか？」。一見すると脚だけのトレーニングに思えますが、実は全身を鍛える種目です。一般的に「トレーニング」という言葉から連想するのは、ある筋肉にフォーカスして単独で鍛えるものではないでしょうか？　例えば「腹筋運動」は、腹筋だけを鍛えるイメージをお持ちの方は多いかもしれません。しかし、実は「腹筋運動」のような一つの動作にも複数の筋肉が動員されます。単一の筋肉だけを刺激することはなかなかできませんし、そうすることで動作的にもぎこちない不自然な動きとなってしまいます。その不自然さは関節にも負担となり、怪我にも繋がりやすいです。一度に多くの筋肉を鍛えられ、非常に合理的なトレーニングの最高峰こそがスクワットなのです。納税、労働、教育、スクワット。国民の４大義務です。しっかり義務を果たしましょう。

## ダイエットでスクワットをやらねばならない理由

では、ここからはスクワットの具体的な効果について解説していきます。医学的な健康体重の指標としては「ＢＭＩ」が用いられます。

その計算は、

・ＢＭＩ＝体重kg÷（身長m）$^2$

・適正体重＝（身長m）$^2$×22

とされています。そこで導き出された数字から自分が「痩せすぎ」「やや痩せ」「標準」「やや肥満」「肥満」などを判断して、もし「肥満」となった場合、必要となってくるのがダイエットです。

食事でコントロールを始めた場合、最初は摂取カロリーより消費カロリーが多く

（いわゆるアンダーカロリー）、体脂肪も減っていきます。しかし、しばらく継続すると筋肉量も減少するため代謝量も低下し、体重の減少が鈍化します。

そこで「じゃあ運動するか」となるわけですが、運動は大きく２つに分けられます。「脂肪を燃焼する有酸素運動」「基礎代謝を上げて太りにくくする無酸素運動」です。そのどちらを選ぶべきか？

代謝は年齢によって変動し、20代に比べて50代では約20％低下します。これは、筋肉量と活動量が低下するためです。しかし、筋肉量は年齢に関係なく増加させることが可能です。

実は、有酸素運動は筋肉をつける手段としては非効率的な方法です。ここで言うトレーニングとは無酸素運動で、そのトレーニングの中で「キング」と呼ばれているのがスクワットです。スクワットは体内の糖を効率よく消費できます。また脂肪細胞の分解や燃焼を促進し、筋肉量の維持や増強にもプラスの効果があり、基礎代謝や生活代謝を増加させます。

## ダイエットのためのスクワット

皆さんがダイエット時にスクワットを行う目的はなんでしょうか？「筋力をつける

ため」「筋肉量を増やすため（ボディメイク）」「機能性を高めるため（身体の使い方）」「消費カロリーを稼ぐため」「健康面も含めて効果的な運動として」。こんなところでしょうか？　前述の通り、スクワットはダイエットにも効果的です。ではダイエットにはどんなスクワットが効果的でしょうか？

もちろんハイレップ（高回数）で消費カロリーを稼ぐことも可能ですが、単純に消費カロリーを稼ぎたいなら有酸素運動が適切です。有酸素運動だからと自重でスクワットをやり続けるのはしんどいですし、膝の負担も大きすぎます。ヒンズースクワットを高回数で行っていたプロレスラーの膝はボロボロです。ただでさえ競技的に膝の消耗も激しいのに。

同時間で主観的強度（キツさ）も低く、カロリー消費が可能なのがランニングです。自転車を漕ぐことも主観的強度が低い割に消費カロリーが稼げるのでおすすめの種目です。しかし、筋肉に強度の高い刺激を与えずにアンダーカロリーにして有酸素運動を行っていたら脂肪と筋肉の両方が減ります。単純に一時的に細くなりたいというのであればＯＫですが、これではすぐにリバウンドしてしまいます。また、落ちた筋肉やら骨量を戻すのはかなり大変です。健康へのマイナスが大きすぎるのです。同様の理由で極端な糖質制限や、低カロリーでのダイエットは推奨できません。

適切な負荷を掛けてのスクワットと1日250～500キロカロリーのアンダーカロリーを作ることで、筋量の減少を抑えつつ、体脂肪を減少させられます。これが適切な負荷でスクワットを行う理由です。

除脂肪しつつ理想的なボディメイクを目指すダイエットでは、筋肉は残して脂肪を削っていくことが理想です。大事なものまで失っては本末転倒です。

ダイエット序盤は脂肪の落ちる比率が高いですが、目安として体脂肪率が2桁を切ると脂肪を削る作業で筋量も大きく削れてしまいます。よく「体脂肪率自称3％」などのアスリート等を誌面やネットで見かけることがあると思いますが、あり得ない数値です。ダイエット系のサプリでも多々ありますが、信用してはいけません。

極限まで体脂肪をそぎ落としてバキバキに絞り込んだボディビルダーで5～7％です。腹筋が多少割れているくらいでみんな体脂肪1桁になっちゃうなんて困りものです。

人間の脳の重量は体重の約2％、その7割が脂肪なので脳だけでも体脂肪率は1・4％にはなります。体脂肪率が1％と自称している人は脳も失われているのかもしれません。脳まで絞れているとしたら皮下脂肪や内臓脂肪はゼロかもしれません。ただ、そこまで絞れる前に死にそうです。

見え方の度合いはありますが、体脂肪率2桁でも腹筋は割れて見えます。意外と到達可能な目標であったりします。腹筋を割るのをひとつの目標や夢としている方も多いのではないでしょうか？　大丈夫、簡単です。誰にでも腹筋はあります。ちょっと隠れているだけなので恥ずかしがり屋の腹筋さんに会えるアプローチを教えます。

大事なのはスクワット＆食事制限です。アンダーカロリーを作って皮下脂肪を減らしていくのはマストです。ただ、どうあっても体脂肪率が30％では透視能力でもない限り腹筋は見えません。しかし、腹筋自体の厚みがあれば皮下脂肪が多少あっても腹筋は見えやすくなります。

では、腹筋を分厚くするにはどうしたらいいでしょうか？　腹筋運動でしょうか？いいえ、実はスクワットなのです。腹直筋を体幹トレ以上に刺激できるのがスクワット。スクワットこそがダイエットの近道です。強度を高めるためにバーベルで負荷をプラスして、5回程度でキツくなるくらいの負荷に設定して5セット程度を行うのがオススメです。

「自宅で器具もないし、ジムにもなかなか行けない」。そんな人はどうすればいいでしょうか？　テンポをスローにしてスクワットをやりましょう。ゆっくり3秒かけて深くしゃがんで、3秒かけて立ち上がります。何か重りになるものが家にあれば持ち

ましょう。米袋でもいいし、水でも構いません。

自重のスクワットはゆっくりやると効果的です。高回数はフォームが崩れるし、関節への負担も大きいことからあまりオススメできません。スローにして休憩を挟みながらセット数を多くしましょう。休憩中に他の種目を行うのも時間あたりの運動量が稼げるのでアリです。

## 脚を細くするスクワット

サイズを減らすにはまずアンダーカロリー。これは鉄則です。基本的に痩せれば細くなります。

トレーニングをやればやるだけ細くなる、ということはありません。「部分痩せ」を標榜するトレーニングもたまにありますが、現実には部分痩せすることはありえません。筋肉の萎縮はあるので、筋肉を落としたいならベッドの上で不活動にしていれば2週間もあればかなり落ちます。ただ、これは健康的に「痩せた」とは言えませんね。

よくあるケースとして、自己流でトレーニングを開始すると股関節をうまく動かさずに膝だけで行うようなスクワットになるケースが多いので、お尻に効かせたかったのに、頑張ってトレーニングした結果、大腿四頭筋（太ももの前部）がパンプしたり、サイズアップしたりして脚が太くなるという望まない結果になってしまうことはあるかもしれません。

ボディビル的視点だと「横に張り出した脚」は褒め言葉ですが、女性だとデニムが似合わないなどファッションとのマッチが難しいかもしれません。基本、ボディデザインは本人の願望に沿って行うのが正しいです。大腿四頭筋もロコモ（ロコモティブシンドローム＝運動器の障害のために移動機能の低下をきたした状態）予防の視点や健康面で考えるとめちゃくちゃ大事なんですが、太くしたくないなら仕方ありません。

「ちょっと太ってるくらい」が健康的で長生きできる（痩せすぎや肥満は健康寿命も平均寿命も低い）と国立がん研究センターなどから統計でデータが出ていますが、だからといって皆さんも軽度肥満になりたくないでしょう。私の場合だと肥満になったら自己肯定感も薄れてメンタルをやられそうです。腹筋が割れているほうが精神衛生上いいので太らないようにしています。自身の選択を尊重しましょう。

トレーニングにおいて、「機能的に身体を使う」ためには股関節をうまく使っていくことが重要なポイントになります。股関節を動かす筋肉はお尻。人体の中で最も大きい単一の筋肉は大臀筋です。ここに頑張ってもらうことで歩くときやスクワット時の大腿四頭筋の使う比重を減らします。どうしても体の前面の筋肉に意識は行きやすいので、初心者のうちは背面の筋肉を意識的に関与させることがとても大事です。脂肪と筋肉は比重が違うので（脂肪のほうが軽い）、体重をキープしているとして脂肪を減らした分、スクリットで筋肉をつければサイズは細くなるはずです。

繰り返しになりますが、部分痩せはありません。騙されないでください。筑波大学体育系運動栄養学研究室の報告によれば、テニスみたいに使用頻度に左右差のあるスポーツ選手でも左右の筋肉量は違えど、脂肪量に差がなかったというデータもあります。よくタレントさんが一度太って痩せたら胸だけ残ったとか言っていますが、豊胸手術を隠すためのテンプレの言い訳です。選択的にこの部位の脂肪を残してここは減らす、胸は残して腹だけ減らすなどということは健康的にはできません。

無理やりそれをやるのが脂肪吸引です。脂肪吸引には麻痺や感染症のリスク、筋線維の損傷など色々なリスクが存在します。ちなみに私は美容整形を否定しているわけではありません。解消できるコンプレックスを抱えている必要はないと思います。胸を大きく保って腹を凹ませたい場合なら、普通に「ダイエットとトレーニングで脂肪を削る→豊胸」のほうがリスクは少なそうです。

脚を細くするトレーニングでの常套文句で「無駄な筋肉を減らして、適切な場所に筋肉をつける」というようなものがあります。重心バランスが悪く、股関節を使えていない偏った歩き方をしている人が、トレーニングによって重心バランスを整えて筋肉のつき方が是正される、ということはありえるかもしれません。バランスが崩れたまま、フォームを固めずにスクワットで重量を扱うことは勧められません。

しかし、「無駄な筋肉」などとのたまうトレーナーだと、そんな高度な指導はできないと思うので、四頭筋が関与するエクササイズを削って、例えばヒップスラストのようなお尻中心のトレーニングを行わせ、股関節が軸になる種目を踵重心にさせて、「ほら、四頭筋はパンプしてないけど尻や裏腿にはビジビシ刺激が入るでしょう」みたいなことをやったりしています。教えている側も無知の善意だったりするのでさらにタチが悪いです…。

独自開発した不完全なエクササイズを処方するより、デッドリフトやケトルベルスイングでもやらせて、股関節の動作学習をさせてからスクワットをやらせるのが正しい近道です。プレワークで尻周りをしっかり刺激してから適切なフォームと強度で行うスクワット・プラス食事管理。これで美脚ゲット間違いなしです。

## 老化を防ぐスクワット

トレーニングをしないと20～30歳を100%として1年につき1%ずつ筋肉量は減っていきます。80歳のときには20歳の半分以下の筋肉量になってしまいます。筋肉量だけでなく骨密度も低下するので「転倒→骨折→寝たきり」のコンボが炸裂する可能性は大です。これがスクワットをしない人間の末路です。

スクワットをしないと老化スピードは速まります。棺桶直行できればまだ幸せですが、家族に負担を掛けるのは気が重いです。自分のためだけでなく家族のためにもスクワット。家族のいない方も保険料負担軽減のためにスクワットをやりましょう。

20分以上運動をすると、エンドルフィン（幸せホルモン）が分泌され高揚感が増します。筋肉量の増加を抜きにしても、スクワットを行うことでその場でのご褒美もあるわけです。

スクワットで作られた乳酸が脳細胞と結合し、不安を緩和する分子として機能します。運動による身体の変化は内面からも変化をもたらしてくれます。米国シダーズシナイ医療センターの研究報告によると、最近では孤独感も緩和してくれることがわかってきました。ステイホームで孤独を感じたらスクワットで忘れましょう。定期的な運動によって内因性カンナビノイド（※）の結合部分の増大により脳が敏感になり喜びを感じやすくなり、孤独感の解消に繋がるためです。おひとりさまこそスクワット。伴侶はスクワット。

いいとわかっていても、スクワットを継続することが難しい、そんな悩み。カギは時間帯です。早朝にスクワットをしましょう。運動は前向きな考えをもたらし、気分を上げる効果があるので早朝のほうが高揚感を長く感じることができるため、やるなら仕事後の夜よりも出勤前の朝が適しています。

## 競技のためのスクワット

どんなスポーツであれ、基礎筋力があることは有利に働きます。技術レベルが拮抗した場合、差をつけるのは筋力。筋力レベルが高ければ相対的に持久力も増しますし、余裕も生まれます。車で言えば筋肉はエンジン、技術がドライビングテクニック。100の力の人間が100の力を発揮する場面では力の発揮にコミットする必要がありますが、150の力の人間が100の力を発揮する場面では50の余裕があり、その余裕で怪我の予防や他に注意力を回せます。だからパフォーマンスも高まるのです。

そして、身体の操作性を高めるという視点でも、スクワットは有効です。スクワッ

カンナビノイド（Cannabinoid）…アサ（大麻草）に含まれる化学物質の総称。時間や空間感覚の変調をもたらし、多幸感・鎮痛といった作用を生じる。大麻の有効成分であるテトラヒドロカンナビノール（THC）は強い陶酔作用をもたらす。CBD は THC のこの精神作用を阻害し、抗痙攣作用、鎮静作用、鎮痛作用がある

トを通じて姿勢や重心のコントロール、股関節、膝関節、足関節の連動や体幹部の剛性など色々学べるのでスポーツも上手になるのです。

ただ、足を速くするスクワットはありません。スクワットと足の速さに相関関係はありません。筋肉バカ思考になってはダメです。当たり前ですが、スクワットを一番挙げられる人間が一番足が速いわけではありません。

一方で、筋力が上がればテクニックの幅も広がるのは事実。テクニックと筋力は切り離せるものではなく、技術は筋力がないとできないものです。筋力向上のために陸上選手もスクワットを行います。

筋力だけあっても技術がなければ競技パフォーマンスは上がりません。競技能力を向上させるためには技術練習もしましょう。それによってスクワットで作ったエンジンを使いこなせるようになるのです。

「競技のためのスクワット」も行うスクワット自体は一緒です。ただ競技練習がメインであくまで筋力向上のための補助として行います。技術習得の必要がない場合はフィジカルトレーニングがメインになるケースもありますが、その競技の十分な技術の習得がされていない場合は、あくまで技術練習をしないとうまくなることはありません。

競技選手に関して言うと、スクワットを行うときは、追い込みすぎないのがポイントです。アスリートが技術練習と両立しながら筋肥大も狙い、最大筋力を上げるのは結構難しいです。アスリートは競技練習もあるし、落とせない試合もコンスタントにあるので、ボディビルみたいにトレーニングをオフシーズン、オンシーズンで分けられないというのが大きいです。

また、ベンチプレス、スクワット、デッドリフトのいわゆるビッグ3を1日でやると、疲労度が大きすぎると思います。オールアウト（トレーニングにおいて筋肉を使い切った状態）は、神経系にとっても筋の収縮する組織にとっても、ダメージが大きすぎます。オールアウトや筋肉痛をなるべく発生させずに、筋肥大や筋力向上を目指すトレーニングがアスリートと親和性の高いプロトコルといえます。

筋肉は日常生活ではありえない刺激を受けたときに、その刺激に適応するために肥大します。ありえる刺激、では適応反応は起こりません。そこの「ぎりぎりありえない」ラインの刺激を狙っていくのがトレーニングのコツです。「ありえなさすぎる刺激」を与えたらめちゃくちゃ筋肥大するのかというと、そうではありません。適切な負荷を見抜くことが重要なのです。

## 姿勢を整えるスクワット

姿勢を整えるためにもスクワットは効果的です。でも「いい姿勢」とはなんでしょうか。「綺麗に見える姿勢」はときと場合により変化します。

例えばファッションショーで綺麗に見える姿勢もあれば、スーツの着こなしでよく見える姿勢もあります。スポーツでいう「いい姿勢」も競技によって様々です。ボクシングだと猫背気味な姿勢が理にかなった「いい姿勢」です。ただこの姿勢を一般人の日常でいい姿勢とは評価しませんよね。

ここでの「いい姿勢」とは一般的な身体に負担の掛かりにくい姿勢と定義します。「解剖学的肢位」と言われるものです。「負担の掛からない姿勢」などというものは実はなく、姿勢は変化させられることが大切です。たとえいい姿勢であったとしても、ずっと同じ姿勢であればどこかしらに負担は掛かってきます。

「いい姿勢」は他人から見て映え、かつ身体機能的に破綻のないものなので、姿勢制御に必要な位置感覚や筋力を養う必要があります。これを養えるトレーニングこそがスクワットなのです。

スクワットにおいて注意すべき点はもちろんあります。スクワット時に膝が内側に入ったり、しゃがんだときに腰が曲がったりするのはその最たる例です。避けられるのなら避けたほうがいいものはあります。

正しいフォームでスクワットを行えば背筋も伸びますし、猫背も治ります。臀筋も引き締まって膝も伸びやすくなるので普段の姿勢もよくなります。

ただし、スクワットによって姿勢がよくなるのは、正しいフォームで行っていることが前提で、間違ったフォームで行ってしまうと悪い方向に普段の姿勢も増強されることも多分にあります。姿勢を整えるためにも、まずスクワットフォームを整えましょう。

## 性欲とスクワット

スクワットはやる気もアップさせてくれます。その「やる気」の源となるのが男性ホルモンともいわれるテストステロン。テストステロンは活力に関して重要な役割を持つ性ホルモンであり、男性にとっては性欲、骨密度、体脂肪、筋量、筋力の増減に関与するだけでなく、赤血球や精子の生成にも関わる大切なホルモンです。ここではテストステロンを高めるトレーニング（＝スクワット）と食事法について解説します。

「草食系男子」、なんとも屈辱的なネーミングです。言い換えてビーガン男子にするとあら不思議、なんか触れちゃいけない感たっぷりになります。「草食系」の名の通り、肉や乳製品を摂らないとテストステロンのレベルも低下してしまうので、ある意味適切な表現とも言えます。「肉食系男子最高！」と肉食系を草食系の上位概念と定義づけて推奨するものではありませんが、テストステロンはメンタルヘルスを健康に保つ上でも非常に重要です。

テストステロンはストレス過剰でも低下してしまいます。テストステロンが低下することによってやる気も奪われるという悪循環。残念ながら現代社会からストレスを完全に取り除くことは難しいです。しかし、減ってしまうなら増やせばいい。打破するにはテストステロンを高めるアプローチが必要です。

テストステロンの値が低下すると鬱病の症状が現れたり、怒りやすくなったりと大変です。性欲も減退し、積極性が低下します。挑戦する気概が失われ、性的にも不能となります。英語でImpotence（インポテンツ）。直訳すると性的不能、無気力、無力。否定感が半端ないですよね。対義語は勃起、絶倫。こちらは肯定感が凄まじいです。

成功者に性欲が強い人が多い件。皆さんテストステロン値も軒並み高いようです。だからこその行動力であり、それが成功へと繋がるのではないかと思っています。私の周囲にいるトップアスリートも経営者も非常にアクティブで性にも積極的。信じられないくらいのバイタリティです。

彼らを突き動かすものはなんなのか？　その要素を突き止めて取り入れれば成功者に近づくことが可能なのではないでしょうか？

そこでテストステロンです。テストステロンは分泌量が正常値であってもその上限近くと下限ではかなり幅があります。やる気が湧かない、性欲が低下するなんていうのも低テストステロンが原因の可能性があります。

テストステロンの分泌は20代をピークに、その後加齢とともに衰えていきます。若い頃を思い出してください。漲《みなぎ》っていませんでしたか？　テストステロンの分泌は普通は徐々に衰えていきます。一般に勃起の角度は手の5本の指に例えられます。これ昔から例えられますが、指の角度の変化って割と急じゃありませんか？　10代から20代ってこんなに低下するの？

かわいい子を目の前にしても積極性が失われる。縛られる責任等が発生したからか、意欲の低下か…。なんとなく「歳をとってきたかな？」と感じている男性は多いと思いますが、40歳代から60歳代にかけては、男性の社会的責任とストレスが公私ともども高まる時期です。そのため、人によっては、ある日突然テストステロンの分泌が急激に減ってしまうために、自律神経失調のような不定愁訴を生じてしまうことがあります。これが、男性更年期です。

多くの女性の場合、更年期は閉経を前に比較的わかりやすいのですが、男性の場合は閉経のような目に見える出来事がありませんし、様々な偏見や社会通念により、なかなか認識されにくいものです。「やる気が出ねえ」なんて人に言いづらいですし。なかなかにしんどいものがあります。

「男性にも更年期がある」という説は、欧米では１９４０年代から様々な提唱と多くの検証がされてきましたが、21世紀に入り社会の成熟化や高齢化にともない抗加齢医学の関心が高まり、今では世界的な認知となりました。

なお、これまで「男性更年期障害」という表現が広く知られてきましたが、不定愁訴のひとつである「鬱症状」と「鬱病」の切り分けなど男性更年期障害の病態は複雑です。そこで、加齢と男性ホルモンの分泌低下に伴う症状として正確に定義するため、様々な議論を経て現在は「ＬＯＨ症候群」と呼ばれています。

女性が加齢に立ち向かうように、男性も不能に立ち向かいます。立たないけど立ち向かう。これいかに。テストステロン、どうすればいいの？

そんなわけでテストステロンを高めるアプローチ、簡潔に伝えていきます。結論から伝えるとスクワットです。プラスして肥満傾向のある場合は有酸素運動。適切な食事と休養。そう、通して本書で伝えている内容です。テストステロンに対しても正解なのです。

テストステロンの原料はコレステロールです。したがって、前提として栄養摂取が必要です。もちろん、コレステロールの過剰摂取は問題があります。

次に、適度な運動を維持することと、十分な睡眠、規則正しい生活リズム、ストレスを溜めない健康的な生活習慣が必要です。

既視感のある文章ですね。テストステロンを高めるためのアプローチは筋肉作りと一緒です。ちなみに肥満はテストステロンの分泌を低下させるため、過剰な栄養摂取（高カロリー）は逆効果になります。

人並み以上にテストステロンの分泌を増やすには、規則正しい生活リズムとストレスを溜めない生活習慣を基本に、日々の食生活とトレーニング量をバランスよく増やして、維持することが重要です。結局、アスリートを目指すことになるのではないでしょうか。トップアスリートは絶倫揃い。オリンピック村ではコンドームを配布しています。つまりはそういうことでしょう。

トップアスリートの多くがそうであるように、明るく快活で前向きな人が、健康的な生活習慣を続けて、落ち込む出来事があっても気持ちを切り替えてストレスを溜め込みません。自ずとテストステロンの分泌が高まり、その精神作用で明るく快活、チャレンジングで前向き…という好循環になっているのです。もちろん、筋肉の発達と体脂肪率の削減、シェイプアップにも好循環です。「食生活」「睡眠」「生活リズム」「ストレス」「運動」の要素で何が欠けても、テストステロンの分泌にリスクが生じてしまいます。

極端なダイエットや菜食主義のために、結果的にコレステロールの摂取が不足すると、原料不足でテストステロンの分泌が不足してしまう恐れがあります。卵を食べすぎてコレステロールの過剰摂取になることを心配する声がありましたが、一体何個食べるつもりでしょうか? コレステロールを食べたから血中コレステロールが上がる、とまでシンプルな因果関係を示すものはなく、それほど心配しなくても大丈夫です。少なくとも、摂取不足にともなうリスクのほうが大きいでしょう。

さらに、筋肉に大きな負荷をかけるウエイトトレーニングはテストステロンの影響を高めやすいこともわかっています。特に大筋群をはじめとした多くの筋肉を連動して使える多関節種目のほうが単関節種目と比べて効果的。そうです。スクワットです。

有酸素運動は脂肪を減らすという方向ではプラスですが、過度に行うとテストステロン値を低下させます。持久的な運動は競技で行うレベルだとめちゃくちゃテストステロン値が低いです。

ちなみにトレーニングでテストステロンは確かに上昇するのですが、ごく短時間しか効果は持続しません。せいぜい1時間程度。なのでトレーニング頻度を上げるのがコツです。トレーニングを定期的に取り入れることで生活も改善されていきますし、総合的にテストステロンの改善に繋がります。

そして性行為もしたほうがいいし、性行為の頻度も高いほうがいいです。パートナー、夫婦間のセックスレスは、それこそテストステロンレベルの低下を招くのです。

動くからやる気が高まるのか、やる気があるから動けるのか？　卵が先か鶏が先か？　とりあえず、まずスクワットです。トレーニングで重りを挙げるときに様々な表現がありますが、スクワットでは重りを挙げることを「立つ」と表現します。２００kgを挙げたら「２００kgを立った」などと言います。語呂もいいですね。スクワットで勃ち上がりましょう。

## 賢くなるスクワット

スクワット（運動）で集中力はなぜ高まるのか？　それは、身体を動かすと、本能的に集中力が高まるように私たちの身体が作られているからです。私たちの脳は狩猟採集生活をしていたころからそれほど変わっていません。運動は進化するためのライフハック（※）だったのです。自然の中で、また日常生活の中で「しゃがむ」「立つ」。これらは全てスクワットの動作です。現代でも可能な限り、脳と身体の連動をうまく機能させるためにもこの生物学的な生存メカニズムを活用することは有効だと思います。

## スクワットがストレスを予防する

ここではストレスや不安への効果について解説します。WHO（世界保健機構）によれば世界人口の10人に1人が不安障害を抱えています。そうした不安の解消には、実は心拍数が上がる運動が最も効果的です。心拍数が上がる運動といえばそう、スクワットです。幸せホルモンとも呼ばれるエンドルフィン、内因性カンナビノイド、バソプレッシンが脳内で分泌され、心理状態の改善に繋がります。

また、スクワットをするとハイになり、高揚感を得られます。これは脳内アミン（脳組織に見い出せる生物学的活性芳香族アミンを「脳内アミン」と総称している。この中にはカテコールアミン、セロトニンおよびその他のアミンが含まれる）が活性化す

ライフハック…効率性や生産性を高めるための術・コツ

ることでエンドルフィンが放出されるからです。スクワットをすることで脳内麻薬が分泌され不安感が消されていきます。

人類は地球上で過ごしてきた時間の99%を、「闘争か、逃走か」という類いの脅威にさらされ、そのストレスを感じ続けてきました。危険と闘うか、逃げ出すか、どちらの選択でもスクワットをしていれば生存確率は高まります。強い足腰と強い心拍機能は走って逃げるのにも闘う上でも強い武器となります。

よってその場を切り抜けられる確率が上がる。だからパニックにならない。スクワットができれば生存のためのストレスシステムを作動させる必要がないのです。スクワットで余裕が得られることにより、不安の軽減に繋がります。認知バイアスがあり、スクワットをしていない人間は体力に自信がないため臆病でストレスに弱いのです。

では、脳機能改善や不安をなくすためにはスクワットはどれくらいすればいいのか? 36の専攻研究を調べたメタ分析によれば、1回45分から60分の運動を行うことで注意力、決断力、分析力、記憶力などが大きく向上し、脳機能の改善に繋がったとされています。その他プラスの効果を引き出すためにも、スクワットを含むトレーニングを1回45分、週2、3回行うといいでしょう。

# 第5章

# 時間の無駄！ そのトレーニングは間違ってます

文・山田崇太郎

## 筋肉がすぐついちゃう体質ってなんだ

トレーナーをしていることを飲み会の席などで知られると、女性から（ときどき男性からも）ほぼ聞かれる話題がダイエットとトレーニングについてです。

トレーニング関連の仕事をしていると普段の生活でも、仕事でも、どこでも似たような話題になってしまう運命にあります。まあ筋肉くらいしか魅力的なものを持っていないので、仕方ないのですが…。

その中で決まり文句のように私に向けて仰るワードがあります。

「私、すぐ筋肉ついちゃうんだ。だからトレーニングはしないの」

何ですか、その羨ましすぎる体質。ミオスタチン（※）異常かな？　これは相談？？　自慢？？？　こちとら毎日トレーニングしてプロテインも毎日数回飲んでも、数年で

ミオスタチン…筋肉増殖を負に制御する因子。主に筋肉（骨格筋）で合成され、筋肉の増殖を抑制する。ミオスタチンを作る遺伝子が存在しないベルジャンブルーという品種の牛もおり、普通の牛に比べて筋肉が２倍ほどついている

1～2kg増ですよ。才能がないのか努力が足りないのか…。もしこれが事実なら肉体を交換してほしい。このようなオリンピックでも目指すべき逸材とめちゃくちゃ遭遇します。

まぁ冷静に考えてこんなことはありえません。筋肉のつきやすさに多少の差異はあれど、ある程度才能がある人が必死にトレーニングしてもなかなかつかないのが筋肉です。安心してトレーニングしましょう。

「自称筋肉質」のほとんどが脂肪太りです（山田調べ）。ただ食が太いだけで、実際は脂肪だからサイズはあります。部活を引退して運動量は減ったのに食事量が変わらなくて太っていくパターンにこのケースは多いです。見た目のサイズは変わらないのに筋肉は落ちていく、というものです。デンマークのコペンハーゲン大学の実験では2週間の運動がない環境下で3分の1の筋力低下が報告されています。たった2週間、運動をしないでいると、若者は筋力の3分の1、高齢者は4分の1を失うことになります。もとの筋肉が多い人ほどこの影響は大きく、失う筋肉量は若者は高齢者の2倍に上ることが示されました。

ちなみに過去、飲み会でこういう流れの会話をした方の中に3人、ＪＯＣの強化選手とリオ五輪の金メダリストとオリンピアンがいました。確かに、この方々については仰る通り本当に「筋肉がつきやすい」人たちでした。83kgある私が、金メダリストにお姫様抱っこしてもらいました。有り余る筋肉量と筋力でした。

この3人以外の方で体型改善したい方はジムに通ってトレーニングと食事管理をスタートしましょう。あなた方は普通の肥満です。

## ○○するだけで筋肉はつく？

結論を先に言うと、楽に筋肉はつきません。一般的な心理としては「楽に痩せたい」「楽にいいカラダになりたい」というのはわかります。だから矛盾があっても、広告などで謳われている耳障りのいい言葉に飛びつくし、騙される人が多いです。騙されても自分の心に後ろめたいものがあるのか、自責で済ませてしまっていませんか？

怠惰な心理に付け込んで、人の不安を煽るのが健康産業の闇です。コンプレックスに関しては心の柔らかい部分を突かれるから弱いです。普段冷静な人もコンプレックス解消についてだと冷静に判断ができず、思考力が低下するのでしょう。「ハゲ」「デブ」「チビ」などなど、この辺に関しては賢い人も冷静な判断力を失ってバカになる不思議があります。

マッチョ界のサプリメントも同様です。売り手と利益が合致する先生の発言なんかを鵜呑みにしてしまうのはなぜでしょう。コロナのワクチンには不安を抱くのに、そこだけは無警戒。サプリの副作用だって命に関わるものもあるんですけどね。

「サプリメントで痩せるのか？」
「ファットバーナーは効くのか？」

これに対しての回答は「ある程度は効く。ただし、カロリーの収支が最重要」というのが正しいでしょう。

サプリメントに関しての話題は、ニュートラルな立ち位置の人が少ないことがわかりにくくしている要因のひとつです。サプリ否定派、サプリ肯定派、サプリを売る人、サプリ教（サプリを妄信する人）、サプリマニア（とにかく色んなサプリを片っ端から摂取するような人）、みんなそれぞれ言うことが微妙に違ったり、はたまた真逆のことを言っていたり…。

サプリメントは基本的には「食品」です。そして、誰にでも効くサプリは存在しません。もし自分の身体に不足しているものがあって、それを摂取できれば劇的な体感はあるかもしれません。

ただし、「誰に何が足りないのか？」は当たり前ですが一概に言えることではありません。「多くの日本人はタンパク質が不足気味」のように平均的な傾向はありますが、これも毎日3食でしっかりとタンパク質を食品から摂取できている人だったら、プロテインをプラスしても効果はあまり見込めませんよね。

## あなたの時間を奪うムダトレーニングはこれだ

というわけで、ここからはトレーニングでありがちな間違い、落とし穴について解説していきます。実際にトレーニングを始めようとなった際、その方法を調べるにしてもSNSやユーチューブなどには様々なトレーニング法が横行しています。昔から効果が認められている定番トレーニングもありますが、悲しいことに真実を隠した「努力しても報われないトレーニング法」も数多く存在します。

トレーニングの原則のひとつに「個別性の原則」というものがあります。どういうことかというと、「ある人には効果があったが、他の人にとっての効果が必ずしも同様ではない」と、効果には個人差があるというものです。

人間強度やホルモン分泌の多寡によって、そもそもの人としての初期設定が違うケースは存在します。いわゆる「才能」ってやつです。オリンピック選手なんかには人外というか宇宙人なんじゃないか？　というレベルで遺伝子レベルでものが違う逸材が存在するのも事実。

でも、世の中そんな才能がある人間ばかりではありません。飛び抜けた才能を持った逸材はごく稀です。ジムを見渡してもまず見つかるものではありません。婚活なんかで一部の女性が結婚相手を探す際に「年収１０００万超えの20～30代の独身男性がいいよね」なんて言ってるのを耳にしますが、統計ではそのような独身男性は20代で０・２％、30代では１・５％に過ぎません。しかし、コミュニティーによってはたくさんいるのも事実です（ちなみにパンダジムの会員には該当する方が多いです）。総数で見たら圧倒的に少ないのですが、外資系金融機関であればそんな人達もレアでないかもしれません。

これと同様のことがトレーニング界でも存在します。ユーチューブです。ＪＢＢＦ（日本ボディビル・フィットネス連盟）のトップ選手が霞むほどのサイズの超マッチョ。彼らはトレーニング歴も短いし、たいしたトレーニングもしてないし、そもそもトレーニングも下手なのに、です。

これは遺伝でしょうか？　あまりオープンにはなっていませんが、確実にドラッグによるものです。そう、ユーザー（アナボリックステロイド使用者）なのです。同化作用（筋タンパクが合成される作用）も強いので、努力が不要なわけではないですが、ちょっと刺激を入れただけでみるみる筋肉は肥大します。

ナチュラル（アナボリックステロイドを使っていない人）の場合は、そもそも前提が違うので、彼らの真似をしても目指すような筋肉はつきません。ナチュラルのトレーニーよりユーザーのほうがデカいこともあり、彼らのトレーニングのほうが目につくのです。ユーザーは華やかですよね。

ちなみにユーザーが集うジムも存在します。ある意味年収１０００万超えレベルの筋肉量の持ち主だらけです。ドラッグは団体によって禁止されているだけでなく入手の際に法に触れる行為も多く見られます。健康としてフィットネスに取り組む上で推奨できる行為ではありません。前述のＪＢＢＦはドーピング検査も実施されるナチュラルの大会です。

私はスタンスとしてはアンチドーピングですが、しっかりリスクを把握した上で使うのは個人の自由であるとも思います。なんだかんだ、多くの人がトレーニングに影響を受けているであろうボディビル世界最高峰の舞台、ミスターオリンピアに出ている選手もみんなユーザーですし。観客が求めるものがモンスター志向になるのはわかります。ただ、自分がモンスターになるのは考えられないし、周囲の人間に勧められるものでもありません。覚悟を持っているユーザーは尊重するし、尊敬もします。自分にできないことですからね。

ただ、ナチュラルの大会にユーザーであることを隠して出る方や、ユーチューバーやトレーナーとして活動していてドラッグについて触れないのはフェアじゃないです。都合のいいときだけナチュラルのフリをするのはどうかと。ユーチューブで筋肉がついたトレーニング法の前に、薬の使い方を教えないのはどうなんでしょう…。そんなわけでユーチューブを鵜呑みにするのはやめましょう！

## 効かせるって何？ 効かせる、効かせないトレーニング

トレーニングをしているとよく聞くワードのひとつに「効く」「効かせる」という表現があります。果たして「効かせるトレーニング」には効果があるのでしょうか？ そもそも、トレーニングは「効く」ものです。個人的な考えとしては「効いてしまうトレーニング」が正しいと思います。

「効く」ってちょっと主観的で曖昧な感覚なんですよね。効かせる（≒関与している筋肉を強く意識する）だけで効果はあるのだとすると、ボディビルのポージングでも効く感覚は得られます。実際、ポージングはやってみるとわかりますが、筋肉に力を入れっぱなしの状態になるのでかなり疲れます。でも、ポージングだけで筋肉の発達に必要な刺激が与えられるのかといったら、さすがにそれはありません。

また、ベンチプレスで200kgを挙げられる人でも、腕立て伏せを30回もすればどうやったって効きます。ただ、ベンチプレスで200kgを挙げられるレベルの人が30回の腕立て伏せを継続したところで筋肥大することはないでしょう。

「効く・効かせるトレーニング」で例に挙がるのは、おそらくここまで極端な例を想定しているのではなく、チーティングを用いて振り回すのではなく、「丁寧に動作しましょう」と基本に沿った考えがもともとのはずです。ですが、いつのまにか主旨から外れて、「効かせればOK！　より効くフォームを模索」という方向にいってしまっているように感じます。ジムでも「効かせよう」ということで不思議な体操を開発している人をたまに見かけます。

基本的にはやはり、機能的に破綻していない動きが重要です。一部の関節に過度な負担がかかったり、身体を捻じって無理やり挙げたりするのは故障に繋がるし、そもそも重量が扱えません。トレーニングの原理原則のひとつである「漸増性の原則」（段階的に強度を上げていくこと）が成長に繋がるのですが、それができません。

正しいフォームを維持しながら重量を伸ばしていくことこそが、トレーニングの最短距離です。ちゃんと重量を扱いながら、目的の筋肉に負荷を載せてトレーニングすることが大切です。正しいフォームであれば必ず重量は伸びます。数値化することで成長を実感できますし、肉体的な成長も目に見えることでしょう。

## 追い込まないトレーニング＆追い込みすぎるトレーニング

肉体はトレーニングの負荷に身体が適応することで成長します。筋肥大は、トレーニングにより物理的なストレスを与えて筋線維を損傷させ回復過程で筋線維が肥大するものと、化学的なストレスを与えて成長ホルモンを分泌させて肥大をする2つが基本的なメカニズムです。ずっとボリュームも負荷も増やさない同じトレーニング内容では身体も変わりません。その動作に身体が慣れてしまい、それ以上に適応する必要がなくなり、むしろ成長が後退する可能性すらあります。そのため、トレーニングではフォームが崩れる手前くらいまで、つまり「あと1回挙げられるかどうか」というところまで動作の反復を頑張る必要があります。ワンモアレップですね。

反対に、追い込みすぎるとそれはそれで身体へのダメージも相当なものになります。決して「やればやるだけいい」というわけではありません。一般的には追い込みが足りなすぎる人が多いので、トレーニング業界では「追い込んだほうがいい」ということが強調されるのかもしれません。

## 見栄を持ち上げる

ジムに通っているトレーニーなら「あるある」だと思うのですが、スクワットラックで20kgプレートをこれでもかって枚数をつけてしゃがむのか、とワクワクしながら見ていたら全くしゃがまない人。何キロ持ち上げたって人に言いたいだけなのではないでしょうか…。

そもそものトレーニングの目的は何なのかに立ち返っていただきたいです。重量を扱うことはロマンです。でも本質を見失ってはいけません。目的と行動が一致しているのかをきちんと見つめ直しましょう。スタート時の目的と着地が乖離していくことはビジネスでも多々あります。自社の事業の拡大、成長を目標にしていたのに、競合他社との争いに心を奪われてしまい、余計なことに手を出して損失を生んでしまう例は枚挙に暇がありません。

うまくいかない、問題のある動きをエラーといいます。意識をちょっと変えたり、注意するポイントを変えたりするだけでうまくいくものもありますし、筋力の向上や柔軟性の向上が必要でちょっと修正に時間のかかるものもあります。時間を無駄にしないためにも、エラーを見つけ、修正しましょう。

# 第6章 スクワットは準備が大事

文・山田崇太郎

## 効率と効果を高める！　スクワットツール活用術

〈ウェア〉

スクワットを行う上で大切なのがウェアです。まず形から入ることも意外と重要です。トレーニングをする意思が固まってから買い足すのではありません。まずしゃがむ。

クールなトレーニングウェアを着たい気持ちや、ギアを使いたい思いもトレーニングする動機のひとつ。「せっかく買ったんだから使わなきゃ」というのは結構いい動機になります。そのためにもまず買いましょう。スクワットをすればビジネスもうまくいくので先行投資です。

では、ウェアの選び方です。当たり前ですが、着衣は可動を妨げる制限要素。筋肉や皮膚の伸縮性と同じように着衣の伸縮性も含めて柔軟性の要素のひとつです。

まず最重要なボトムスから。デニム生地は伸縮性がなく、スクワットを行うのに適していません。そもそもデニムで運動しようという気にならない気もするのですが、トレーニング時だとなぜかチョイスされることがあるのがデニム。絶対に選ばないようにしましょう。

オーバーサイズの服もしゃがみの深さの確認が難しいため、あまりオススメしません。ランニング用のジャージなどは運動着の枠組みですが、しゃがむようにデザインされているわけではないのでスクワットには適していません。

スクワットにはスパッツがオススメです。股関節や膝関節の可動も妨げず、しゃがむ深さも確認しやすいのがポイントです。スウェットパンツもよいでしょう。ジョガーパンツも伸縮性がしっかりあるものだとしゃがみの妨げにもならず、深さもわかりやすいです。

スパッツがベストですが、抵抗感があるかもしれません。ただ一度スクワットでスパッツを履くと、スパッツ以外に戻りづらくなるくらい快適です。アメリカでも普段着やルームウェアがレギンスやスパッツというトレーニーは少なくありません。

スパッツを履くとどうしても江頭2：50やモジモジくんを連想してしまい、恥ずか

シャツは背中に滑り止めがついたものもあり、バーを担ぐのに適している

スクワット用ボトムスとしてはスパッツがベストチョイス

しいという方がいらっしゃいますが、彼らを知っている層はもう年配です（注：江頭さんはユーチューブで若者に人気と聞きましたが…）。

上半身はタンクトップでなく、肩までを覆うTシャツがいいでしょう。Tシャツはドライフィットでなく、綿生地のものが滑らなくてスクワットに適しています。最近はスクワット用に背中に滑り止めがついたトレーニング用シャツがreversalやA7といったメーカーから発売されています。こちらはバーベルに接しない部分はドライ生地になっているので速乾性もあり、快適にスクワットが行えるためオススメです。コットンは肌触りはいいのですが、汗を吸って重くなってしまいます（こまめに着替えればいいのですが）。

**〈ギア〉**

パワーベルトは人によってはマストのアイテムになると思います。「ベルト」と言ってもトレーニングにおけるベルトはベルトループに通すようなものではなく、もっと太いガッチリしたベルトのことです。スクワットにおいて、正しく姿勢を保ったり、力を発揮したりするために切り離すことのできないのが腹圧です。トレーニング全般で腹圧のコントロールは大事になってくるのですが、高重量を扱うスクワットではなおのこと重要度が高まります。腹圧抜きでバーベルを担ぐなんて自殺行為そのものです。

その腹圧を高めてくれるツールとして、パワーベルトがあります。ナイロンのものや、レザータイプ等色々あるのですが、なぜか前面が細く、腰回りだけ太くなったりしているものが多いです。腹圧を上げて腰が丸まらないことが目的なので、本当はこれではあまり意味がありません。このことは『スターティングストレングス』という書籍において厳しく糾弾されています。

ピン式のパワーベルト。おそらくジムで最もよく見かけるタイプのベルトがこれ

レバーアクション式と呼ばれるバックルのパワーベルト。作りもガッチリしていて安心度がかなり高い

高重量を扱うことにフォーカスして製造されたものは、作りもガッチリしていて安心度がかなり高いです。構造的に「腰を曲げられないんじゃないか」と思わせてくれるレベル、つまり何をどうやっても腰が丸まらないほどの硬さのベルトもあります。

**〈ニースリーブ〉**

膝に不安を抱える人は多いです。痛める前にギアを使って予防しましょう。ニースリーブは膝周りを圧迫することで痛みを軽減し、関節の動きのスムーズさが得られます。保温効果もあり関節を保護してくれます。

サイズがキツイと弾力のサポートがあり、ニースリーブの反発でボトム（しゃが

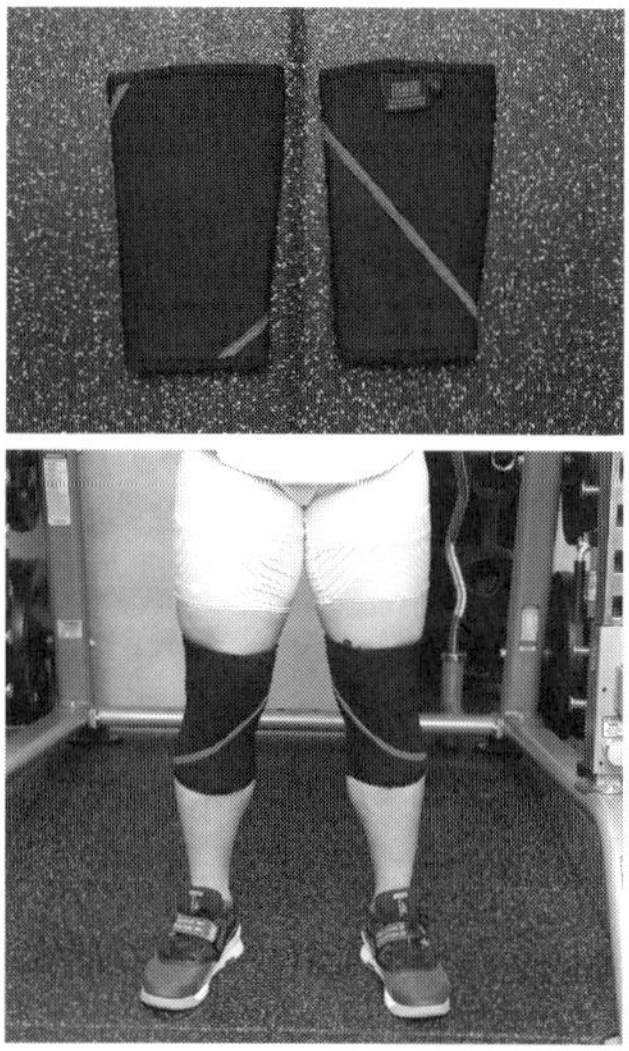

膝の部分に着用するニースリーブ。
膝関節の動きがスムーズになる

み切ったところ）から立ち上がりやすくなるものもあります。パワーリフターが使う長いベルト状の「ニーラップ」というものもありますが、これなんかはキツく巻くともう…。自力の強さで立ち上がれているわけではないので、あまりオススメしません。しっかり筋力を伸ばしましょう。ギアにこだわるあまり「挙上重量＝筋力」でなくなることは多々あります。

**〈スクワットシューズ〉**

靴選びはスクワットにおいて非常に大切です。靴を変えるだけでしゃがむ深さが変わったり、安定性が高まり扱える重量が増えたりすることもあるでしょう。

意外と知られていませんが、クッション性の高い靴はトレーニングに適していません。トレーニング用の靴と表記されていても、ランニングシューズはダメです。ネッ

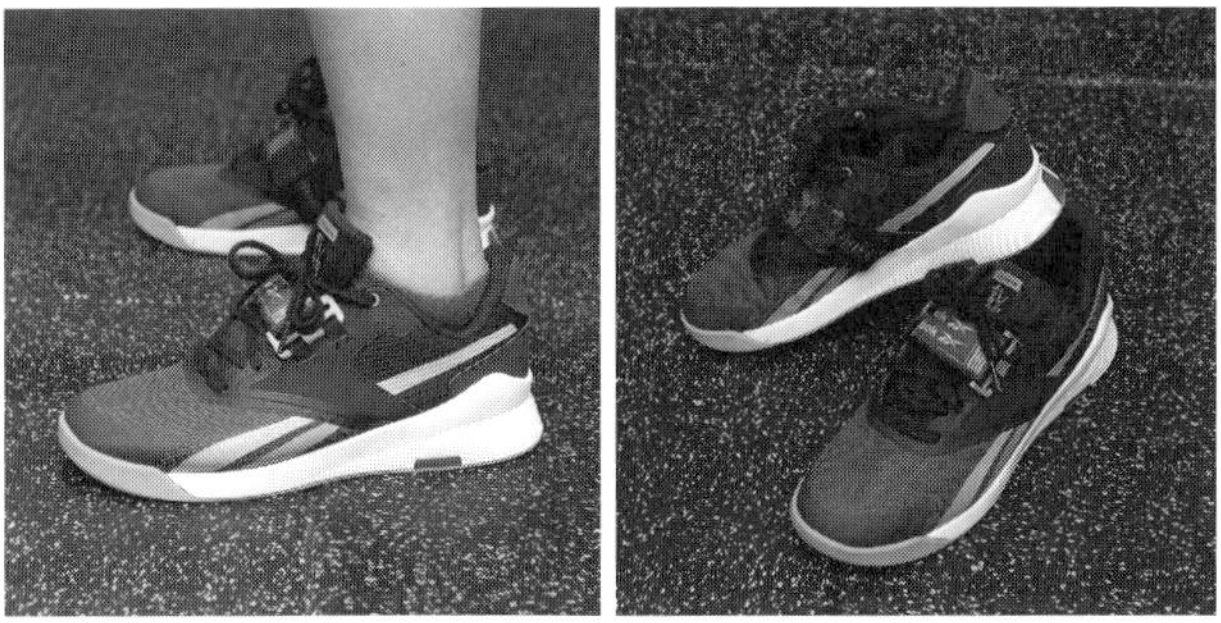

スクワットシューズは踵の部分が高く設計されおり、足首が
硬い人や深くしゃがめない人はそのメリットを受けやすい

トショップのモノカブやスニーカーダンクで売っているプレミアのついたスニーカーじゃなくていいんです。

具体的には靴底は薄い靴がいいでしょう。手軽な価格だとリーボックのクロスフィットナノやＮＩＫＥのメトコンがオススメです。グリップも効いて滑りづらく、動作が安定するのでウエイトトレーニング全般で使いやすく癖がありません。コンバースや足袋靴なども低価格で質が高いのでトレーニーには人気です。

そしてスクワットシューズ。これはスクワットのみのために作られた靴です。靴底が硬く床の反発を得やすく、踵が少し高めに作られています。踵が高めにされているので、足首が硬く膝が前に出づらいことが原因で上体が倒れすぎたり、しゃがみが浅かったりする人はこのシューズのメリッ

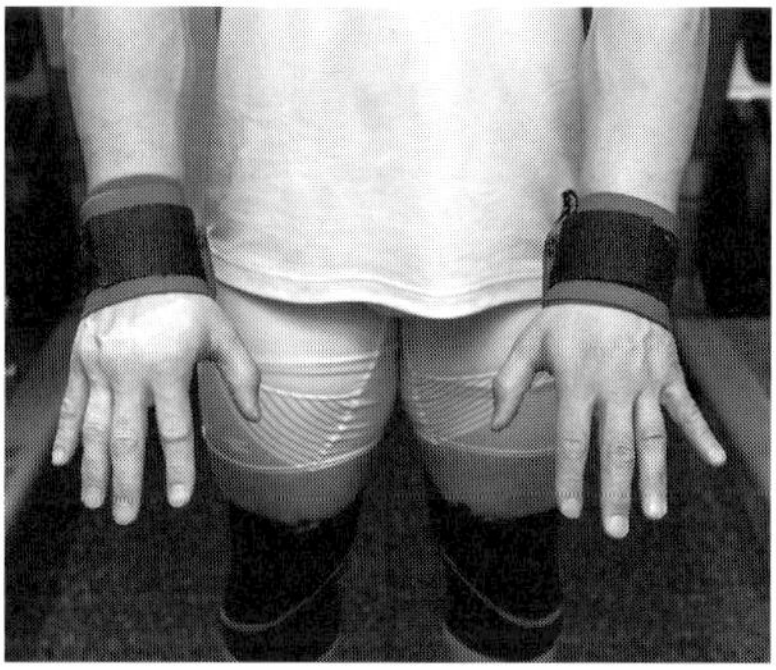

**OK**

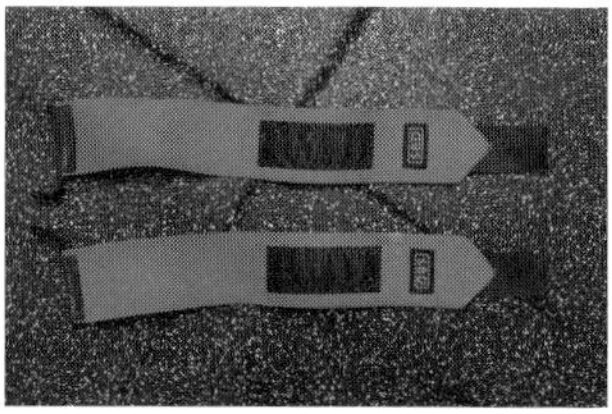

手首をしっかりと固定できるように巻いたOKバージョン

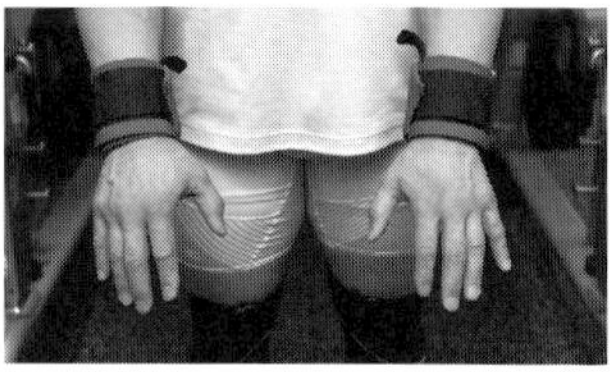

**NG**

これはNGバージョン。前腕に巻いてもあまり意味はない

トを受けやすいでしょう。しっかりと脚を使うことができるようになります

ＮＩＫＥのロマレオスやリーボックのレガシーなんかは比較的手頃な価格かもしれませんが、それでも安くはありません。価格は少し高いのですが、やはりスクワットにはかなりオススメです。公式サイトで型落ち品が格安で手に入ることもあるのでそちらを利用するのもいいかもしれません。

**〈リストラップ〉**

手首は可動性が高く、安定性の低い関節です。ベンチプレスはもちろん、スクワット時にも意外なほど痛めやすいのが手首なんです。

バーベルを担ぐ際の技術が向上する（＝うまくなってくるとほぼ手を添えるだけのような状態で担げるようになる）と手首の負担は減らせますが、どうしても肩周りの柔軟性の問題やバーを手で支えてしまって痛めることはあるので、負担がかかると感じたら痛める前にリストラップの使用をオススメします。

最初は生地があまり硬くなく、巻きやすいものがいいでしょう。リストバンドではないので手首の下につけても効果はありません。冗談みたいですが、結構います。しっかり手首を固定できるよう手首を覆う（前腕と手の甲をまたぐ）ように巻きましょう。

## スクワットは事前の準備で9割決まる

トレーニングと同じくらい重要なのが、その前に行うコンディショニングです。正しくトレーニングをしたいのならば、自分の身体が正しく動くようにしておくことが重要です。その方法論として、まず世間で一般化しつつある筋膜リリース。こんなものの存在しません。このあたりは本当に物申したい。情弱な人も問題だけど、騙している発信側のモラルも問題。無知の善意も悪。発信する以上、間違った知識の伝播を助けてしまうので責任はあります。

筋膜リリースに関しては「ファシア（fasia）」という言葉が「筋膜」と誤訳されたことが誤解の始まりとされています。ファシアとは「結合組織（細胞と細胞を結合している組織）」のことで、人体はその表面から「表皮」「真皮」「浅層脂肪組織」「浅層ファシア」「深層脂肪組織」「深層ファシア」「筋肉」とあります。俗に言う「筋膜リリース」で「筋膜」と言われているのは、この「浅層ファシア」「深層ファシア」のことで、これは「筋肉を覆っている膜」のことではありません。

「表皮」から「筋肉」までは結構離れていて、また一言に「筋膜」といっても筋肉の膜は「筋外膜」「筋周膜」「筋内膜」があります。表面をゴリゴリするだけでは筋膜はリリースされません。位置だけでなく構造として筋膜はとても硬いのでほぐせるようなものではありません。

でも、筋膜リリースの方法で可動域が改善したりする感覚はあると思います。何が起きているのか？　細胞外マトリックス（ＥＣＭ）にアプローチすることで、ファシアの状態を改善して可動域や痛みのコントロールを行います。圧迫により深部までアプローチして〝fluiddymamics〟と呼ばれるファシア内の基質の流動性を高めます。これが筋膜リリースの手法によって起きている作用。効果はあるということです。

つまり、圧迫がケアやウォームアップに効果的。その圧迫を行うための道具として

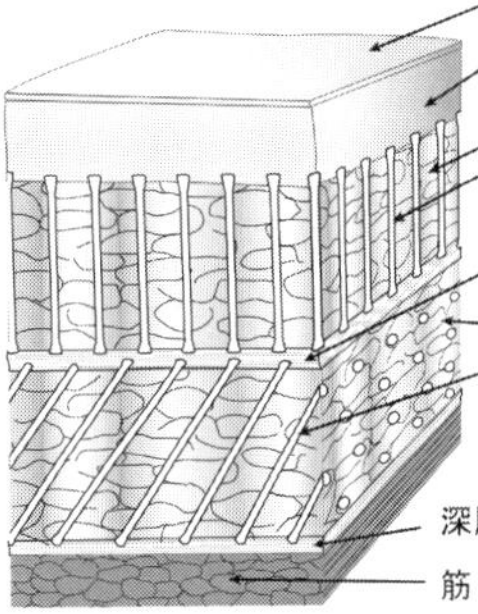


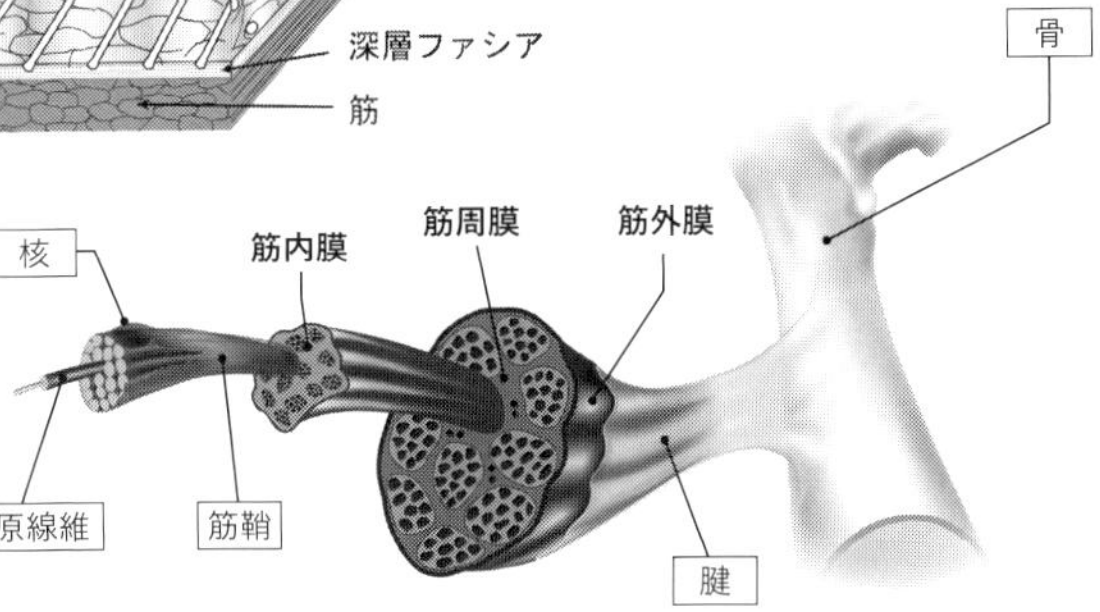


「表皮」から「筋肉」の間には「真皮」「浅層脂肪組織」「浅層ファシア」「深層脂肪組織」「深層ファシア」があり、表面をゴリゴリするだけでは筋膜はリリースされない。また、筋肉の膜には「筋外膜」「筋周膜」「筋内膜」がある

©Getty Images

フロスバンド（「コンプレフロス」などの商品名で知られるバンド）というものがあります。専用のゴムバンドを巻きつけて、筋肉を圧迫をするためのツールです。別にこれを使わなくても他の方法で圧迫をすることによっても効果は得られます。あくまで「圧迫」が効果的で、その圧迫を効率的に行うためのツールです。ただ、使いやすさを考えると、こういったものを使ったほうが手っ取り早いです。

圧迫により筋肉自体の動きがよくなり、また神経の過剰な興奮を抑制してくれます。圧迫により自由神経終末、バチニ小体、ルフィニ終末に働きかけることで迷走神経系が亢進し、局所の

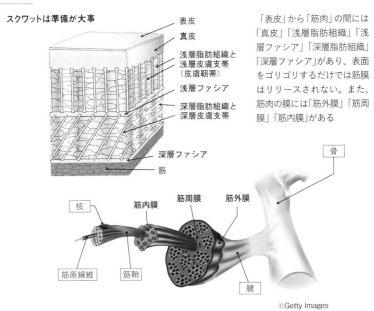

間質液の循環が向上し、自律神経に作用し結合組織内の平滑筋細胞の収縮が起き、視床下部に伝わり、結果筋の過緊張が緩和され、結合組織の代謝が向上します。より具体的には、怪我の治りやダメージを受けた筋肉の回復が早くなること、そして筋肥大の効果が期待されています。要約すると、フロッシング（トレーニング前にフロスバンドで圧迫すること）を行うことでスクワットを行うための身体の準備が整います。ケアとして行っても疲労回復や筋肉をつけるために効果的です。

トレーニングをする中で、「今日は調子がいい」「調子が悪い」という日があると思います。その差はわずかかもしれません。1％の差。でも、「調子がいい」を101％だとすると、その101％の状態をアベレージにして積み重ねていければ、トレーニングの効果は大きく変わってくるでしょう。手と足の裏には感覚情報を取得するセンサーがあります。その感度をアジャストしてくれるのが「圧迫」です。「調子が悪い」、そんな日はせっかく時間を設けてスクワットを行っても台無しになってしまうこともあるかもしれません。そんな無駄をなくすためにスクワット前の準備はしっかり行いましょう。アップの時間がもったいなく思うかもしれませんが、継続するためにも、継続して結果を出すためにも大事です。プレゼンの準備をせずに商談に臨むでしょうか？　スクワットもしっかり準備を行いましょう。

これが「フロスバンド」。コンディショニング用のゴム製のバンド

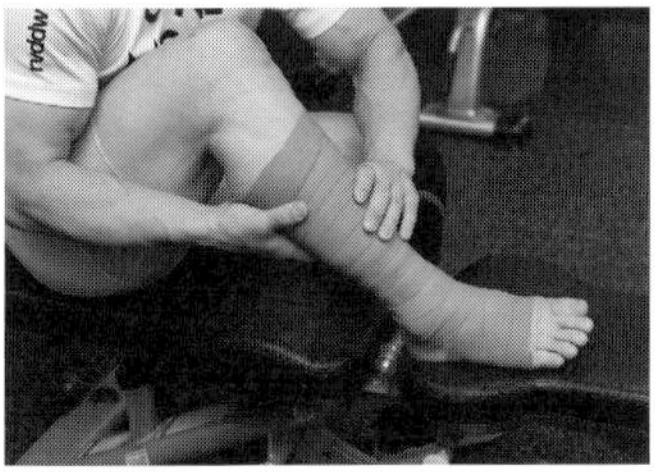

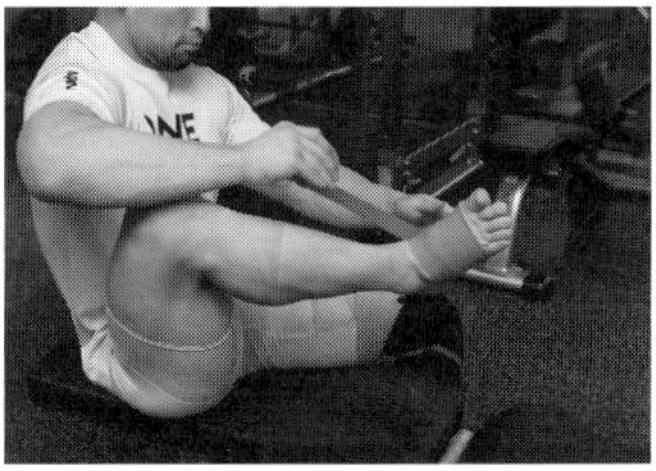

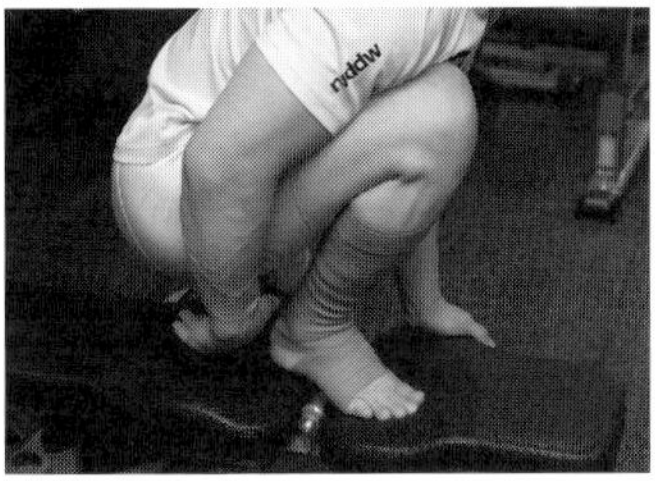

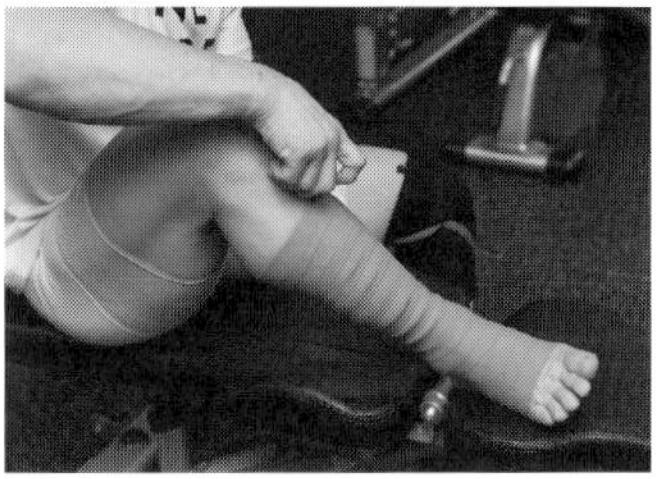

方法としては、フロスバンドをキツめに巻きつけたあと、上からさすったり、軽く関節を動かしたりする。実施時間は2分が目安

スクワットの前には、その準備として足〜足首〜ふくらはぎ、膝〜大腿部のフロッシングを行う

# 第7章 トレーニングの進め方

文・山田崇太郎

## 継続するなら朝イチ軽めのスクワット、重量重視なら深夜のスクワット

ウェアは買いました、ギアも買いました、さらにはシューズも買いました。コンディショニングもばっちりです。ここまできたら、あとはもうしゃがむだけです。

忙しいビジネスパーソンにとっては、時間捻出の観点から確実にトレーニング時間を作れるのは出勤前ではないでしょうか。私のジムに来るクライアントはビジネスパーソンが多いですが、朝の予約から埋まっていきます。

彼らにとって、夜のトレーニングはどうしても残業だったり、イレギュラーな会食が入ったりして予定通りのスケジュールというわけにいかず、夜に時間を作るのは難しいようです。会食後にも24時間営業のジムやホームジムなら行くことは可能ですが、トレーニングに臨むにあたり、いいコンディションとはほど遠いでしょう。トレ

ーニングに臨む際はせめて1時間前に食事を終えておきたいし、理想は3時間前です。アルコールが入った状態でのトレーニングは効率も悪いし、そもそも危険なので絶対ダメです。

しかし、朝であればトレーニングまでの時間を逆算し、適切な栄養摂取をした上でトレーニングに臨むことが可能です。朝のジムは空いていますし、その時間帯にジムにいく人は「自己管理がしっかり出来ている人＝経営者」が多く、利用マナーもいい傾向にあります。器具の待ちもないですし、計画したプログラムでトレーニングメニューをクリアしやすいでしょう。ストレスフリーです。

それに朝トレーニングした後は思考もクリアになり、業務の能率も高まります。私は個人的にはやらなければならないことを後回しにすると気が気でないので、まずトレーニングから1日をスタートしています。トレーニングのパフォーマンスを高めるカフェインも朝なら摂りやすいこともメリットでしょう。

では、夜のトレーニングにはメリットはないのでしょうか？　いえ、そんなことはありません。夜は重量が扱えます。

人間、どうしても朝イチは身体が目覚めていません。体温も低いために身体も硬く、出力がスムーズではありません。体温が上昇している午後のほうが交感神経の働きもあり、筋力を発揮するのに適しています。

ただ、夜はジムも混雑していることが多いです。利用者が一番多い時間帯が大体どのジムも19時から21時。まさに仕事終わりの時間。みんな考えることは一緒です。

自分の使いたい器具を待たなければならなかったり、種目の順番を入れ替えたりと予定通りトレーニングが進まないこともあるでしょう。トレーナーにマンツーマンで指導してもらう個人のプライベートジムであれば、そうした問題はないかもしれませんね。

個人的には夜にトレーニングをすると興奮して寝付きが悪くなります。トレーニング前・中のカフェイン摂取を避けても身体が火照って寝れないんですよね。ただ、全く問題ない人もいるのでこのあたりは個人差があるのでしょう。私はトレーニング後にサウナへ行くとこの問題は解決して、グッスリ眠れます。

トレーニングは何より継続が大切です。無理なく自分のライフスタイルに合ったトレーニング時間をチョイスし続けていきましょう。

というわけで朝と夜、それぞれメリットがあります。どっちがいいのか悩んだら朝も夜もやればいいだけです。カナダ・ハミルトン・マクマスター大学の研究によると、タンパク質合成が最も高まるのはトレーニング後3時間とされています。ということは、朝と夜で行うと効果を最大限に引き出せます。1日にトレーニングを2回に分けて行う「ダブルスプリット」と呼ばれる方法です。

この場合、朝は重たいものを扱うトレーニング（物理的ストレス狙い）、夜は比較的軽い重量でホルモン分泌を狙ったトレーニング（化学的ストレスによるパンプ狙い）というように刺激を変えるのもオススメです。短期間で肉体改造をしたいなら期間を限定してダブルスプリットで朝と夜やるのもアリでしょう。（夜は重量を扱えると言っておきながら矛盾してますが、ここは気合いです！笑）

## やめるトレーニングを決める

時間には限りがあります。トレーニングの種目でも、重複しているもの、無駄なものは削っていきましょう。体幹トレーニングの代表的な種目のプランクで鍛えられるのは腹直筋や腹横筋ですが、スクワットでも同じくらいか、それ以上に腹直筋や腹横筋が鍛えられます。普通にプランクもスクワットも行えるなら、プランクは不要です。プランクは本来、リハビリで行うくらいの種目です。迷わずスクワットです。

何をやめる必要があるのか、何をやる必要があるのか？　それを探るために目標から逆算してみましょう。まずは自身がどうなりたいのか？

レベルに応じて変わっていくものもあります。高校入試と大学入試でも違うし、一般私大の入試と東大では勉強方法は違うでしょう。プランクが必要な人もいるけど、不要な人もいる。あなたがもういらない段階になっているとしたら、捨てる勇気を持ちましょう。それによって時間も無駄にせず別の種目にエネルギーを注げます。

「深く考えていない人あるある」で、効率の悪いことを長時間、長期間やってしまうというのがあります。目的と手段が一致していないケースはトレーニングでは意外と多いのです。無知や偏見から起きていますが非常にもったいないです。

お腹を痩せさせたいからという理由で「負荷を軽くした腹筋運動と体幹トレを30分」。こんなトレーニングをしている人はかなりいますが、これでお腹は痩せるでしょうか？　なんとなくのイメージとして、使っている部分の脂肪が燃焼していくとでも考えているのでしょうか？

腹筋運動で消費できるカロリーなどたかが知れています。腹筋運動を行うにしても、ちゃんと10回で反復できなくなるくらいの負荷設定でやりましょう。大抵の人であれば無駄のない正しいフォームで行えば腹筋運動はそんなに回数はできません。腹の前面にある腹直筋（6パックと呼ばれる部分）はそんなに強い筋肉ではないので、腹筋運動が100回近くできるという場合、腰や股関節の筋肉を使ったり、反動を使ったりしてしまっているのだと思います。10回程度ならあまり時間はかからないでしょうから、プラス余った時間で有酸素か、スクワットやベンチプレスなど脚、胸といった大きな筋肉を使う種目を行うといいでしょう。

もう一例。「そんなに筋肉量を増やしたくない。ムキムキにならずに脂肪を少し落としたい。腕は太くしたくないが、引き締めたい。ヒップアップはしたいと考えている」という20代女性のトレーニング。彼女のアプローチとしては、「毎日1時間のトレーニング」「1kgのダンベルを使って高回数のセット」「深くしゃがむとキツイし、脚を太くしないようにしゃがみの浅いスクワットを高回数行う」「継続しやすいように、5分間のプランクを毎日」というものでした。

毎日1時間の継続は大変でしょうし、努力は認めます。ただし、これでは全く成果はでないでしょう。大腿四頭筋がわずかにサイズアップするかも知れない程度です。ダイエット目的であれば1時間もかけず負荷高めで10分でも十分です。カロリー消費を稼ぎたいのであれば有酸素運動をすべきです。

また、1kgのダンベルでは負荷が軽すぎて筋肥大には足りないし、カロリー消費の観点でも効率が悪すぎます。また浅いスクワットでは稼働域が狭く、仕事量が少ないです。それを補うために高回数を行っているのかもしれませんが、それだと大腿四頭筋を部分的に刺激する形になるのでおそらくこの女性が望まない部位（膝周り）が肥大することになります。また、プランクが5分もできるなら片手片足を上げて行うようなもっと負荷が高いものを行うべきです。

トレーニングは効率のいいものを、最低限の量を行えばいいのです。わざわざ非効率な方法を選択する必要はありません。サイズアップさせたくない場合でも、軽すぎる重量ではあまり意味がありません。セット数を減らしたり、レップで追い込まなければ筋肉に刺激は入りますが、サイズアップはしません。そうすれば所要時間も減らせて効率的です。時間は誰にとっても大事です。

## ベルトを使って腹圧を高める

腹圧を高めてくれるためのツールとしてベルトがあります。ベルトを使うと筋肉から脊柱にかけられる圧力を高めることができ、それはバーベルなどの負荷から脊柱を守ることに繋がります。

ベルトを使うことで腹筋をより強く収縮させ、そうすることでより強い腹筋を作れます。また脊柱の安定性が高まることにより、スクワットでより高重量を扱え、スクワットの強化に繋がります。

腰痛があったり、腰に不安があったり、腰を痛めないように予防したいという人には必須のアイテムです。腰周りに何かを巻くことで力を獲得することは昔から東洋、西洋文化を問わず行われています。北欧神話のトールの「力帯」なんかもそうですね。スクワットでは、体幹が安定しているほど高重量を支えることができるので、ベルトを使うとより安全にスクワットを行うことが可能になります。

ここまでの説明で「なんだかコルセットみたい」と思った人もいるのではないでしょうか。腰を怪我したときに医療機関で処方されるコルセット。腰に巻くことによって可動域を制限して痛みの誘発を減らします。

しかしコルセットは、使い続けると筋力の低下を招きます。普段は腹直筋や、お腹の深層筋の腹横筋が天然のコルセットの役割を果たしていますが、コルセットに頼ると、これが機能しなくなって筋力が低下していくのです。筋肉は使わなかったら退化します。筋トレで負荷を掛けると強くなるように、負荷を与えないとその環境に適応していってしまうのです。

この特性を利用してお腹周りの筋肉を落としてウエストを細くするなんていうアイデアもあります。トレーニングを行う際も日常もコルセットを外さない、なんてビルダーの人もいたりします。この考えをベルトにも当てはめると、「トレーニングベルトを使うことでベルトに依存して、それなしではスクワットのできない身体になってしまうのでは?」と不安になる方もいるかも知れません。しかしその心配は無用です。

トレーニングベルトはトレーニング時の強い負荷から腰を保護、安定させるという目的で要所要所で使うもので、コルセットのように四六時中つけるものではありません。そもそも重たいバーベルを担いでスクワットを行う際に緊張が抜ける筋肉などないでしょう。

なのでベルトを使ったからといって筋力が低下したりすることはありません。むしろ適切に使うことで、より強い負荷を掛けてトレーニングを行えます。

とまあ、普通に考えるとベルトは使うべき、だと私は思うのですが、ベルトなどのギアを一切使わないノーギア原理主義者という方々もいらっしゃるんですよね。ストラップもベルトも一切使わない信念。なぜなら競技(スポーツ時や日常で)ベルトを使わないし、素の力を鍛えたいから。

宗教観と同じで他人が口を挟む問題ではないので好きにすればいいとは思います。ただ合理的ではありません。弱い部分に引っ張られて強い部分を伸ばさないのはもったいないし、そもそもバーベルや器具もギアの一種なのでは? ビーガンだけど鶏肉は食べるみたいな矛盾を感じます。とことんこだわるならネイチャーな感じでトレーニングをやるのもいいのではないでしょうか。

## 適切な参加人数をセットする

スクワットは1人で行うもの？　もちろんおひとりさまでプライベート空間で行うこともできますが、コミュ障でもASD傾向（※）で何かにのめり込みたい人でも1人で行えるのがトレーニングのいいところです。でも、複数人で行うトレーニングにもチームワークのよさというものがあります。

ここは仲間を集めるなんて無理、という方は読み飛ばしてください。陽キャの方のみ、読み進めてください。ちなみに、陰キャの方にオススメのホームトレーニングのメリットとしては、インターバルも思うがままというのがあります。

トレーニングでもチームワークで効果を高めることは可能です。個人事業でも成果は挙げられるけど、組織力の強さってあるじゃないですか。モンハンでもチームプレイでボス倒せたりするし。モンハンやったことないけど。

さて、スクワットにおけるチームプレイは3人がオススメです。補助がしやすく、インターバルの長さがちょうどいいという理由です。

補助も2人いると楽です。1人で補助につくのは疲れるし、実施者の後ろにピタッ

ASD傾向…人に対する関心が弱く、他人との関わり方やコミュニケーションの取り方に独特のスタイルが見られる傾向。相手の気持ちや状況といったあいまいなことを理解するのが苦手で、事実や理屈に基づいた行動を取る傾向にあり、臨機応変な対人関係を築くことが難しく、誤解されてしまいがち

と張りつくように立つのが「なんか恥ずかしい」と感じてしまうのは意識過剰でしょうか。スクワットしている人がバーを投げ出したらそれを受け止めるのかという問題もあるし、そもそも汗まみれの男と密着したくない。肌と肌が触れ合うとオキソトキシンって幸せホルモンが分泌されるそうです。だからといってスクワットでは幸せホルモンは分泌されなくていい。

補助はバーの左右についてもらうとスクワットする人も補助者も安全です。つまり1人はやる人、2人は補助に入るので、3人。

スクワットで高重量を扱うときはインターバルも長めに取ったりするので、複数人数でやってもそんなに時間的な支障は出ません。身長が合わなかったりすると、ラックの高さを調整しないといけないので、ちょっと面倒くさいかもしれません。

4人以上になると普通のジムだとパワーラックの周囲にその人数が収まらないレベルな気もするし、順番待ちが長くなって弱小校の部活の補強みたいにグダグダしちゃうので気をつけましょう。弱いチームは環境も整わないことが多いから負の循環。正の循環にするためにはどこかで踏ん張らないといけません。会社、いや事業部ごとやチーム単位で持ちジムのある社会にしたいですね。そんなわけでスクワットをチームで行う際は3人がベストです。

## トレーニングフォームを統一する

自身の状態を把握するためにもトレーニングフォームの統一は大事です。同一フォームで、動作のテンポや可動域、レップ数を変えずに扱える重量が伸びたら筋力が伸びています。それに伴い筋肉量も増えていくでしょう。

60kgでしっかりしゃがんだスクワットと、あまりしゃがんでいない１００kgのスクワット、どちらがきついか？

「この2つについては全くの別物なので比較が難しい」というのが解です。

使用重量が伸び悩む停滞期を打破するという目的のために、違った角度から刺激を入れるというテクニックもあります。ボックススクワットのようにしゃがみを浅くして普段より重たい重量を扱うことで、動作後半の箇所（フルスクワットでボトムではなく立ち上がる途中の箇所）に負荷をかけるテクニックもあります。

ただそのテクニックもあくまで普通のスクワットを伸ばすための補助種目です。基本は同条件のスクワットの使用重量を伸ばしていくところです。

個人的にはパワーリフティングに準ずるフォームで行うとツイッターやインスタグ

ラムで他の屈強なトレーニーたちと挙上記録を競えますし、承認欲求も満たせてしゃがみの深さもキープできてモチベーションも保ちやすいんじゃないかと思います。局所的に筋肉を使わず全身に負荷を分散させるフォーム。四頭筋だけじゃなく、臀筋もハムも背筋も使う。

周囲にスクワットが強い人やパートナーがいない人こそSNSを活用してモチベーションを作りましょう。人間は人との関わりや他者との比較で相対的に幸せを感じる動物。繋がりましょう。

ですが、ツイッターのタイムラインは沼。強さの底が見えません。ジムでは強い人でも、ツイッターにアップされているスクワット動画を見るとびっくりするかもしれません。そりゃビギナーの方から全日本クラスから世界王者まで混在しているので、

ベンチ台にお尻をつけて立ち上がる「ボックススクワット」

そうなります。

オンラインでワールドワイドに繋がれるのがSNSのメリットではありますが、世界レベルと張り合う必要はありません。自分以外にも頑張っている人と繋がり、一緒に切磋琢磨してみましょう。トップ選手が取り組んでいるトレーニングやケア法なんかも拾えますし、タイミングさえよければトップ選手からアドバイスを貰えたりするのもSNSの魅力です。ただし、第5章でも書いた通り、その人がナチュラルかユーザーか、見極めていく必要はあります。どちらにせよ強いやつは強いです。

## 「ボディメイク」と「ダイエット」は分けて行う

目標達成に必要なプロセスは、同時に行うことで成果を相殺してしまったり、相反するものであったりします。わかりやすい例が「ボディメイク」と「ダイエット」でしょう。

「ボディメイク」はプロポーションを整える作業です。そして、身体のボディラインを作るのは筋肉です。「ダイエット」は身体についている脂肪を削ることがメインです。一番必要なのはカロリー収支をマイナスにすることです。これには食事制限が絶対に必要です。

英語の「ダイエット（diet）」の本来の意味は日常の食事のことなので、日本語のダイエットとはやや意味が違います。筋肉をつけていくには、カロリー収支をプラスにしていく必要があります。つまり、筋肉をつける「ボディメイク」と、脂肪を削る（日本でいうところの）「ダイエット」を同時に行うというには、足し算と引き算を一緒にやるような困難な作業なのです。筋肉をつけるときもトレーニングと、英語でいうところのダイエット（食事）が必要です。

筋肉格言

**起床即スクワット！**
**虎穴でしゃがまずんば、筋量を得ず**

# 第8章 スクワット実技編

文・山田崇太郎

まず基本は「身体に無理のかからない範囲でできるだけ深くしゃがむ」ことになります。個人差はありますが、「足幅は肩幅くらい」「つま先を10～30度外側に向ける」「膝はつま先と同じ方向に向ける」「太腿が床と平行になるかそれより深くしゃがむ」。これがベースとなります。

## バーベルスクワットの準備

### ラックの高さのセットアップ

バーを置くラックは実際に担ぐ高さより少し低めにセットします。具体的には胸中央の高さです。担ぐ高さと同じくらいだと、ラックアウトできる高さでも動作中にバーが下がってくることや、バーが重量でしなる場合もあり、戻しにくくなるためです。

セーフティーバーはボトムより少し低めにセットします。ギリギリの高さではセーフティーとバーがぶつかって負荷が抜けたり弾んでしまったりします。

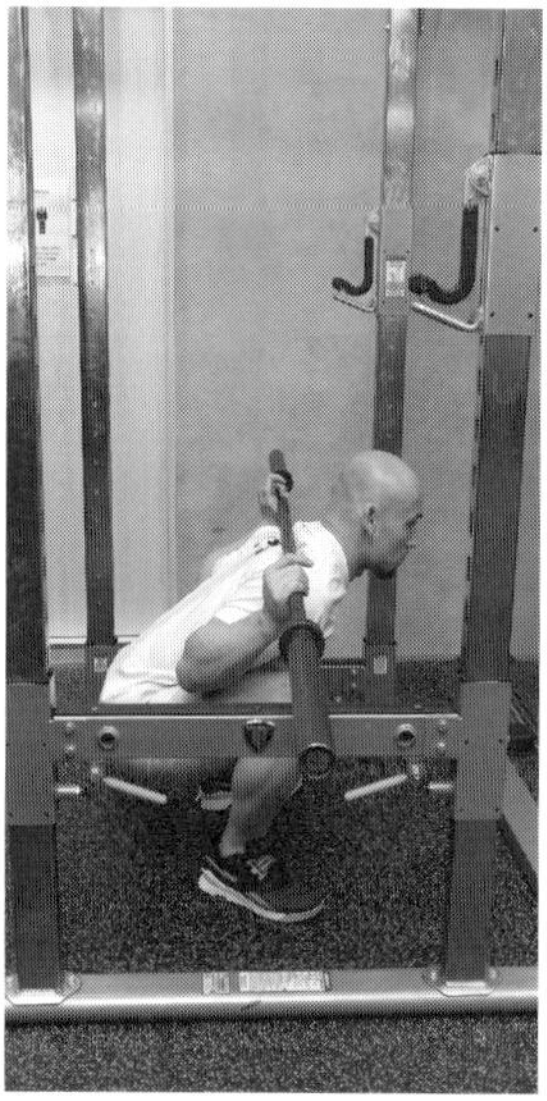

セーフティーバーは、スクワットのボトムよりも少し低い位置に

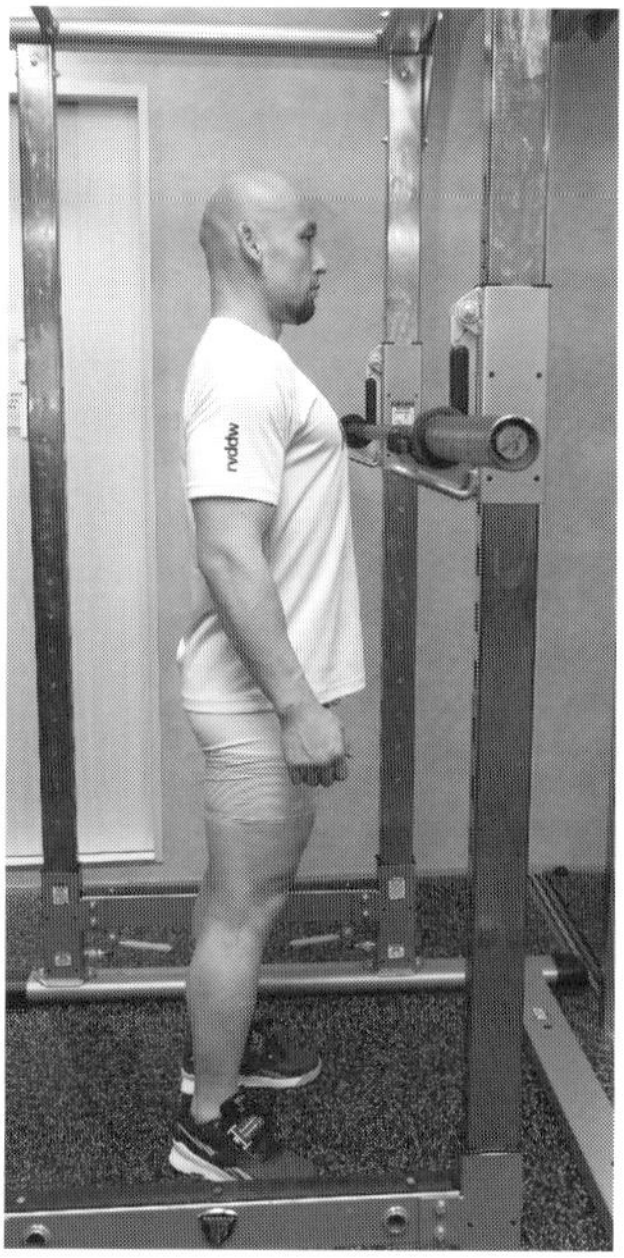

ラックの高さは、バーが胸の中央の高さにくる位置に

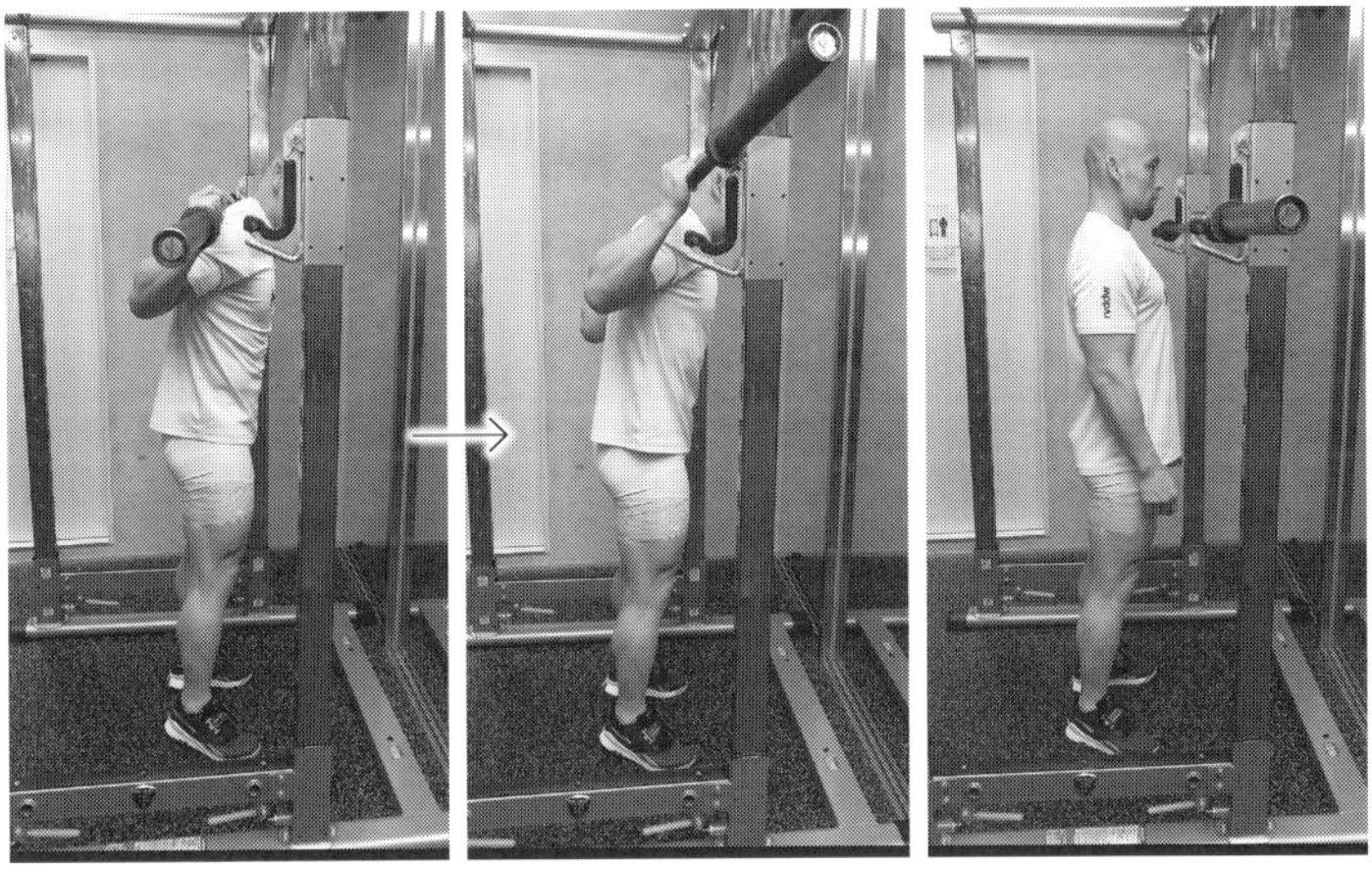

ラックの位置が高すぎる場合、スクワット実施後にバーを戻しづらくなる

ラックの位置が低すぎる場合、ラックアウトする際に労力がかかる

## バーベルスクワット開始までの動作手順

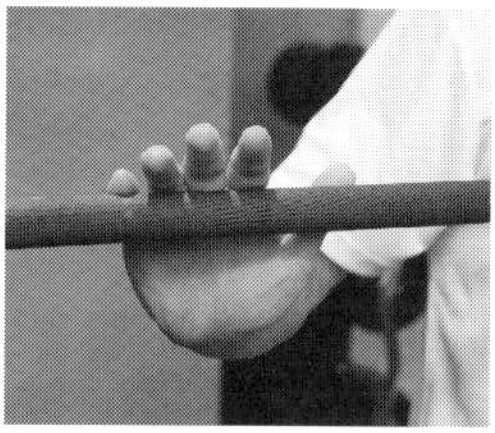

バーベルを握る。「81cmライン」と呼ばれる線に小指がくる手幅を基準に微調整

1. 中心を合わせる（バーベルと胸の中心）

2. 僧帽筋の上に担ぐ

3. 脚の力を使ってラックから外す

4. スタンスを作る

5. スクワット動作を行う

姿勢としては、胸は起こすようにします（胸椎の伸展）。目線はやや下げ（頚椎が伸展しすぎると腹筋の緊張が抜けやすくなる）、骨盤は前傾も後傾もしない中間位をキープし、お腹に力を入れます（腹圧をかける）。そして足裏の荷重は母指球（親指の付け根）、小指球（小指の付け根）、踵の3点にかかるようにします。

ラックアップではバーベルの真下に入り腹圧をかけて、膝の伸展でバーをラックから外します。そこからバランスを崩さないように歩幅は小さくして後ろに歩きます。2～3歩でスタンスを定められるといいでしょう。スクワットのスタンスを取れたらもう一度腹圧をかけ直して、スクワット動作を開始します。血圧等に問題がなければトップポジション（骨格で重量を支えられる位置）で息を止めて、ボトムからまた立ち上がるまで呼吸は止めておきます。これは腹圧が抜けないようにするためです。血圧に問題があればしゃがむときに吸い、立ち上がる際に吐きましょう。複数レップ行う場合は3レップ程度息を止めて行い、トップポジションで呼吸して、また繰り返します。スクワット終了後は、前に歩いてラックにぶつかるまで歩いてラックにバーを戻します。

また、スクワットにはバーを肩の上のほうで担ぐハイバースクワット、下のほうで担ぐローバースクワットがあります。

## ハイバースクワット

・バーを僧帽筋上部で担ぐ。

・バーは首の骨に当たらないように。当たる場合は位置を少し下げる。手幅を狭くすると僧帽筋が盛り上がり首の骨にぶつかりにくく、担ぎやすい。

・首が痛いなどの場合はバーにパッドをつける。ただし、パッドの厚さがある分、バーを担ぐ高さが変わるなどのデメリットもある。

バーは僧帽筋の上で保持する

ボトムでは胸を張った姿勢になる

## ローバースクワット

・バーを三角筋後部、僧帽筋で担ぐ。
・肩甲骨を寄せる。
・肩関節が硬い場合、手幅を拡げる。手首、肘、肩、首に違和感がないように担ぐ。
・親指を巻き込まないサムレスグリップでないと手首に負担が掛かる場合がある。

バーは三角筋後部、僧帽筋で保持する

ボトムでは股関節の屈曲が強くなる

どちらのスクワットも、「スタンスは肩幅（肩の真下に踵がくる）」「つま先と膝を同方向に向ける」「膝と股関節を曲げて両脚の間に身体を沈めていく（膝と股関節をどちらから動かすかは個体差がある。外から見るとほぼ同時に動かす）」「しっかり身体が両脚の間に収まるよう膝を左右に押し出す（骨盤が後傾しない範囲でしゃがむ）」ようにします。次に、それぞれのスクワットにおける共通する注意点を見ていきましょう。

## 歩幅と歩数

ラックアップしたら「大股になりすぎない（バランスを崩さない）」、そして「つま先の向きを調整」します。

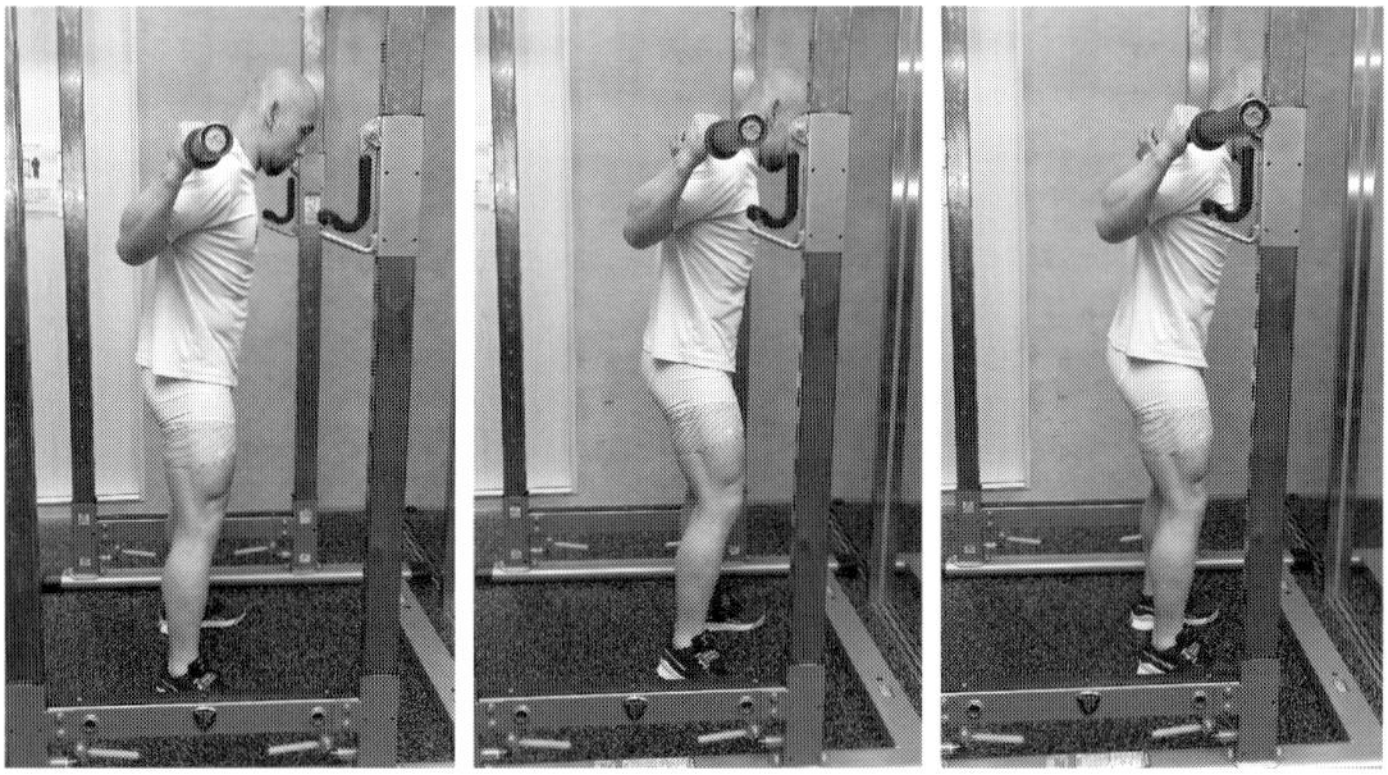

歩数は2～3歩が目安　←　←

# スタンス

踵が肩幅にくるのが基準になります。そこから、筋肉の発達や柔軟性の変化でスタンスやフォームは変化するため、各個人に応じて調整していきます。つま先の向きは、踵が肩幅にくるなら前を向けましょう。肩幅より広い位置にくる場合はつま先を外に向けていきます。つま先の向きが外に開けば開くほど、脚の実質的な前後の幅は減るので前後バランスが低下していきます。

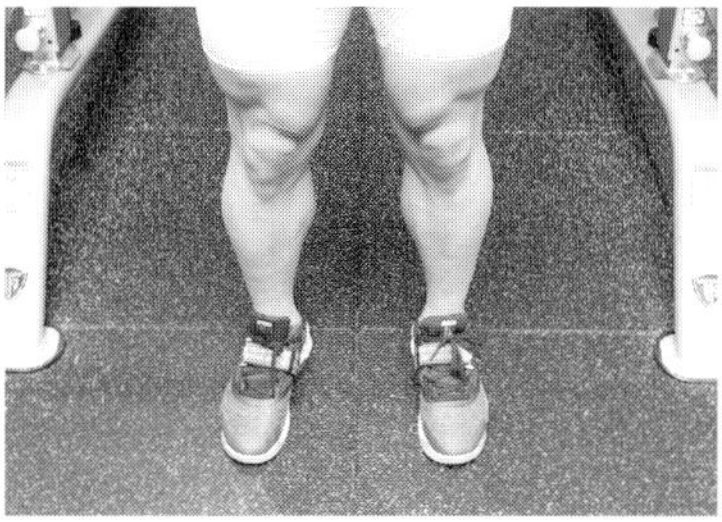

基準となる踵が肩幅にくるスタンス

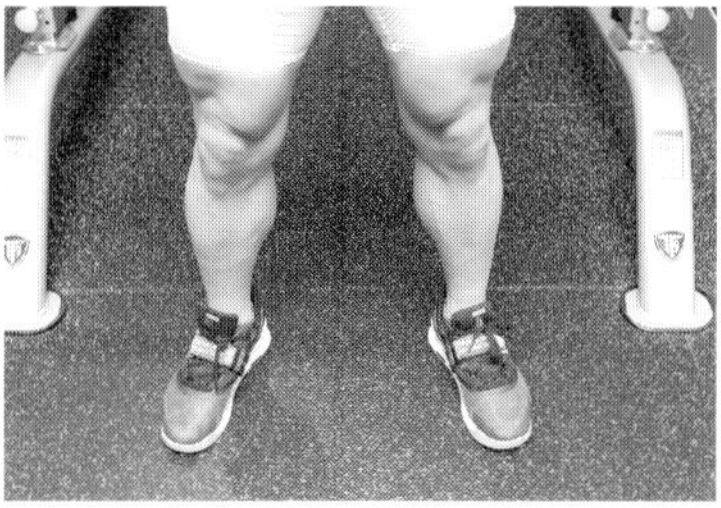

肩幅より広いスタンスになる場合はつま先は外に向ける

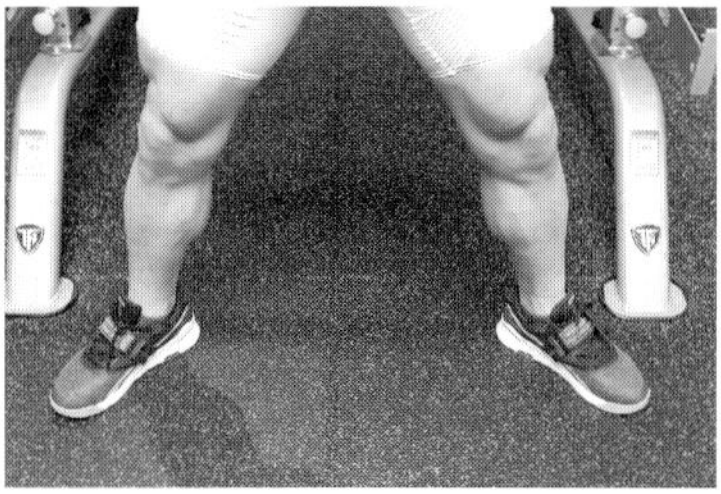

スタンスの広さに応じてつま先は外側に。膝と同じ方向に向けるようにする

## しゃがむ動作

自分で鏡を見る、パートナーに見てもらう、撮影器具を使うなどして動作のエラーを探しましょう。膝が内側に入る「ニーイン」、しゃがんだときに腰が丸まる「バットウインク」などを起こしている場合は対処していく必要があります。それぞれの対処法に関しては後述します。

背中が丸まってしまう場合は「胸を張る」「胸を下げる」ことを意識して修正していきます。腰が反る場合、トップポジションの意識でトラブルが生じていることが多いので、構えの段階で臀筋を収縮させていきます。

膝が内側に入る「ニーイン」

ボトムで腰が丸まる
「バットウインク」

## しゃがむ深さ

これは真横から見て確認しましょう。腰が真っ直ぐに保てる範囲を把握します。しゃがんでいく過程で丸まっていくので、丸まらないギリギリの深さを知りましょう。

腰が丸まらず、まっすぐな状態を保てている深さ

腰が丸まってしまった深さ

## しゃがむスピード

ゆっくりだと伸長反射が起こらず、速すぎるとコントロールが失われて代償動作も起きやすくなります。「2秒でしゃがんで1秒で立つ」、これを基準にテンポよく動作できるスピードで行ってください。

## バーベルの軌道

バーベルは垂直に動かします。基本的にミッドフット（土踏まず）の上にバーがくるようにします。

確認は横から動画撮影、またはパートナーに確認してもらいましょう。

バーベルはミッドフット上を垂直に動くように

## 軌道が流れる場合

しゃがんだときにつま先の先にバーがくる（前に流れる）場合、体重を踵にかけるよう意識して股関節から引くようにしてしゃがみます。逆に踵の上にバーがきている（後ろに流れる）場合、しゃがんだときに尻を引きすぎているので膝から動かすようにします。ただし、フォームには個人差があります。骨の長さも違うので尻をどれだけ引くか、上体を立てるかはアジャストながら自分に合ったフォームを模索するようにしましょう。

軌道が前に流れてつま先より前にバーがきたボトムポジション

軌道が後ろに流れて踵寄りにバーがきたボトムポジション

## スクワットのコツ

### 1. バーベルと一体感を出そう。バーベルは友達!

バーベルとの一体感を出してチームワークでスクワットをします。ではどうやって一体感を出せばいいのでしょうか? 休日のバーベキューでしょうか? いいえ、バーベルと自分との関係を会社になぞらえて考え、会社との距離感を見直すとともに、担ぎの手幅やグリップも考えてみましょう。シャツがツルツルのやつなんかは論外。一体感なんか出るわけない。すぐ転職しましょう。

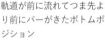

手幅を広くして担ぐと「シャフトを担ぐ」というよりは「乗っけているだけ」という感じになってしまい不安定になります。収入と一緒です。手広くやって流行に乗っかるだけ、そんな生活に安定はあるのでしょうか？　バーベルも一緒です。気持ち狭めの手幅と交友範囲で肩周りに余裕を持たせて担ぎましょう。

## 2．バーベルと人間性は真っ直ぐに保て

シャフトを垂直に上下に動かすというのは簡単ですが、多くの人はしゃがんでいくときのシャフトの軌道と立ち上がっていくときのシャフトの軌道にずれが出ます。真横からその動作を見てみると弧を描くようにローリングする場合が多いです。

しゃがむときは比較的真っ直ぐしゃがめるのですが、立ち上がる切り返しの瞬間に前のほうに流れていくパターンが多いです。修正方法として土踏まずの上にシャフトを置くイメージを持ちましょう。動作の最中に常に土踏まずの上にシャフトが乗っているということは、シャフトが垂直に上下できているということでもあります。

## 3．浮き足立たず地に足をつけよう

地に足をつけた定職を探しましょう……、じゃなくて「踏み圧」って大事です。踏

み圧って？　圧覚のことです。土踏まずが地面に対して垂直に踏めていて水平になっている感覚です。

トレーニングにおいて踏み圧は重要なのです。足指を握ったり踏ん張ったりする意識ではなく、足裏が地面と密着し続けるとか地面を捉え続けるとかの意識です。足指グリップしちゃうと足首も連動性がなくなりますからね。

スクワットにおいて踏み圧が抜けるポイントというのが三か所あります。一つ目はしゃがみ始める瞬間。二つ目が切り返しの瞬間。三つ目が立ち上がった瞬間。踏み圧を獲得するためにオススメの方法が、後述するモビリティエクササイズとフロッシングです。

## 4．テンポ、リズム

一定のテンポでスクワットは行います。トレーニングが上手じゃない人はテンポがよくありません。

このテンポやリズムは人によって違うのですが、テンポが狂うと呼吸も乱れますし、効きも悪くなります。解決法として、スクワットを一動作で行います。学ぶ過程で問題点を浮き上がらせる分習法は効果的ですが、スクワットを行うときはしゃがんで立つ、その動作を行います。

## エラー修正について

### 1．ニーイン

ここではエラー動作の修正方法を解説していきます。まずは代表的なエラー動作の「ニーイン」について。立ち上がるときに膝が内側に入ってしまう人は、意識的に膝を外に押し出す意識を持つようにしましょう。そして、足幅が広いとニーインが起こりやすくなるので、足幅は狭くします。

内転筋の柔軟性の獲得も重要です。スクワットのボトムでしゃがんで膝を外に押し出すストレッチを行いましょう。127ページの股関節モビリティエクササイズも有効です。

ニーインを改善するストレッチ

### 2．バットウィンク

「butt wink（お尻のまばたき）」です。骨盤の後傾プラス腰椎の屈曲で起こります。

まずは柔軟テストで動作を確認する。「ここまで尻を引くと骨盤の後傾が起こる」という位置を把握する

この状態では、腰椎の前弯が後弯して腰椎のストレスが増してしまいます。まずは柔軟性のテストをやってみましょう。四つん這いの状態で、腰が丸まるところまで尻を水平に引いていきます。そこが現状での動作範囲となります。

動作範囲を確認したら、体幹を真っ直ぐに保った状態で（前傾角度はつきます）、ボトムまでしゃがみ、下からスタートして腰が丸まらない範囲を探します。

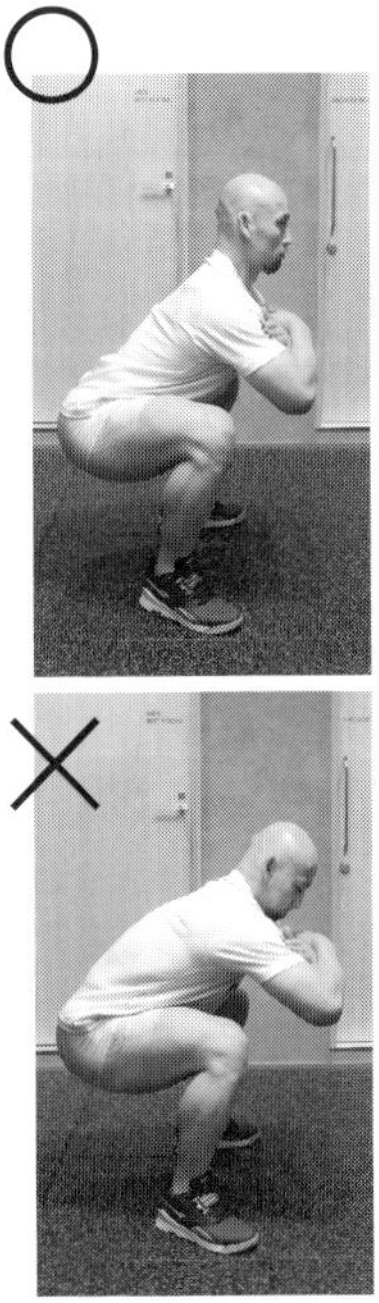

ボトムポジションで腰が丸まらない範囲を探す

体幹部の安定性を高めるために必要な腹圧も重要です。腹式呼吸で息を吸って止め、お腹を固めて腹圧をかけておきましょう。

次にフォームにおける改善です。バットウィンクは股関節が硬いと起きやすいです。まず、股関節の外旋、内旋テストを行い、どちらが優位か把握します。外旋優位の場合、つま先を開いて立つようにします。内旋優位の場合（女性に多い傾向にあります）、つま先は平行くらいで（前を向けて）立つようにします。

股関節外旋のテスト

股関節内旋のテスト

### 3．スクワットに必要な機能改善

踵荷重で浮指（※）になると尻から上がるようなスクワットになったりします。これは足部の機能の問題による現象です。足部はかなり重要で、多くの人に問題が生じる部位です。

スクワットや立位で行うほとんどのスポーツ動作の際、地面と接しているのは足裏です。スポーツパフォーマンスにおいて大事な地面反力を活かすのも足裏がポイン

浮指…足指が浮いてしまい、指が地面に接しないこと。足指が地面に接しないと重心が踵寄りになり、足のアーチが失われる。足の土台としての機能が著しく損なわれるため身体の重心バランスが不安定となる。すると「脛」、「腿」、「骨盤」、「背中」、「首」など身体の姿勢を保つ足以外の部分に必要以上の力が入り、肩こりや疲労感、骨盤や腿の痛みなどを起こす原因となる

ト。足部の機能不全から膝や腰に悪影響が及ぶことも多く、運動連鎖の観点から、スクワットにおいて重要な部位です。足部のコンディションによってしゃがみ方も変わってきます。ここでは足部だけ少し掘り下げて解説していきます。

## 足部を構成する骨

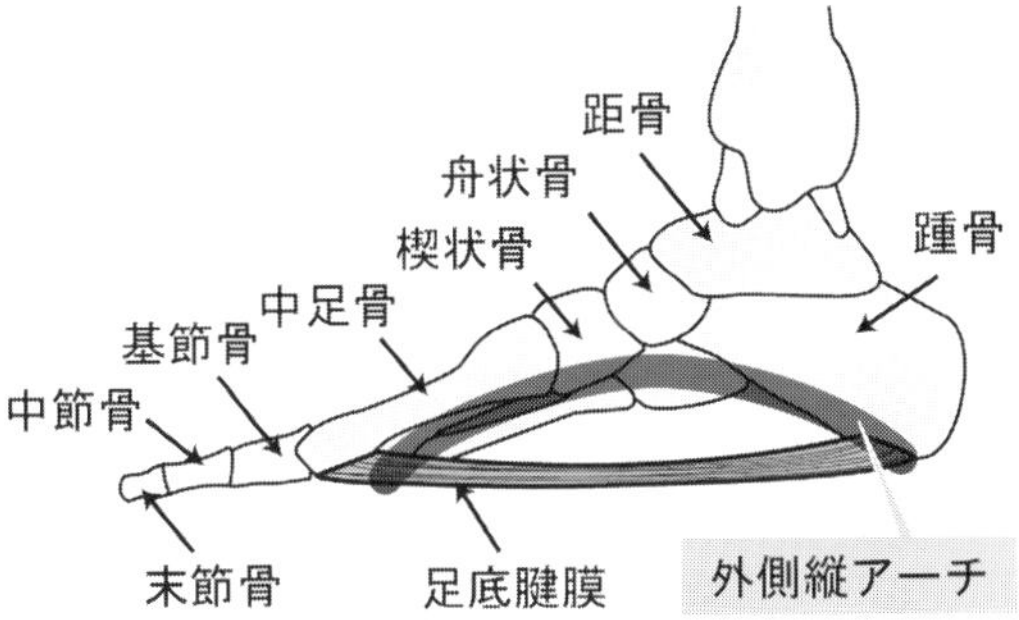


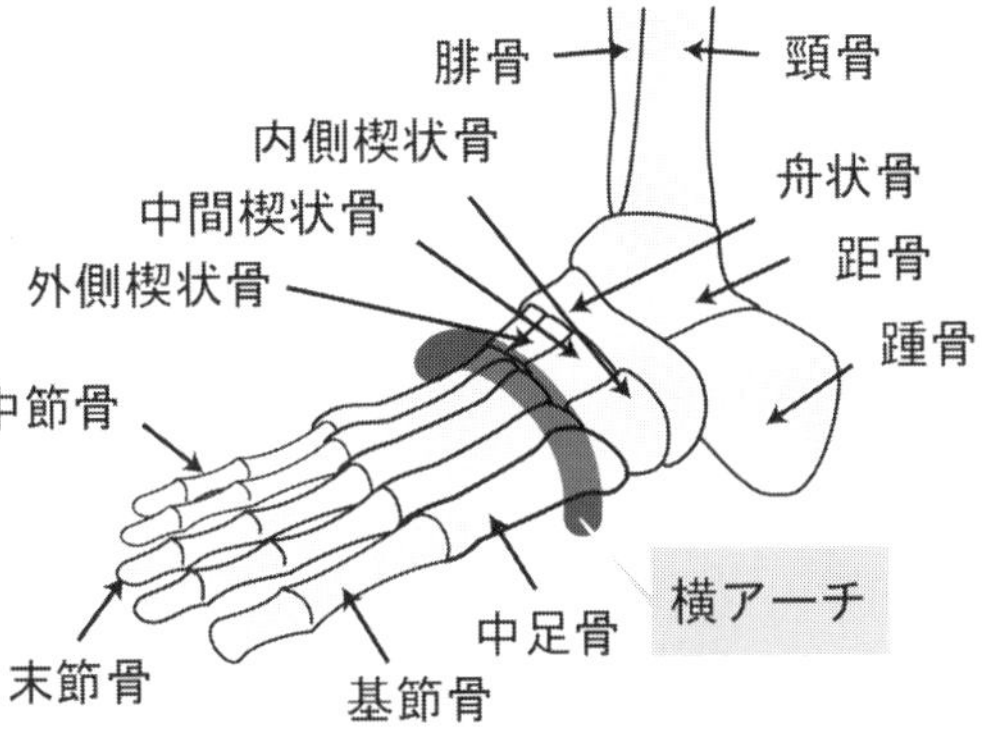

足部を構成するアーチも大事です。内側縦アーチが潰れているのが、いわゆる「扁平足」。ここがショックアブソーバーとして働くので、アーチが潰れると関節部に対して大きな負担が生じます。外側縦アーチは正しくアーチが作られていると全て地面と接します。このアーチが作られていないと接地面が減ってしまうわけですから、バランス能力が低下します。これが外反足。

横アーチがうまく形成できていないと、開帳足と言われ、踵に重心が移動しやすいだけでなく、足の指が機能しにくくなります。足指や足首がうまく使えない状態では踏ん張りも効きませんからスクワットで床を踏む動作もうまくいきません。足指と足首の動きには大きな関係があります。なんとなく、指を握っているほうが末端まで意識が行き届いていて、いいように思えるかもしれませんが、ケースによります。指をグリップすると足関節の可動が減るので脛骨や膝がうまく使えなくなります（ただし、固めやすくはなります）。

扁平足をチェックする方法は土踏まずに指が1本以上入ること。ちゃんと土踏まずにスペースがあるかです。指が入らない方は扁平足の可能性が高いです。

テストがOKだった方は加重してみましょう。重りを担いでアーチがなくなったら隠れ扁平足です。扁平足は普通の生活では問題のないこともありますがスポーツ、スクワットをする上で致命的な問題ですので紹介する方法でしっかり改善していきましょう。

そして、私がそうなのですが、足底筋膜が発達して土踏まずのスペースがなくなってしまうこともあります。この場合はうちくるぶしの下端と母趾球を繋いだラインより舟状骨が大きく下がっていれば扁平足です。

外反足は後ろから見たときに足指が2本以上見えたら外反足です。下腿（ふくらはぎ）のラインとアキレス腱のラインに角度が生じています。

この扁平足と外反足、かなり多くの人に見られる症状です。スクワット時に脛が薬指方向に倒せずニーインの原因となったり、踏み圧も内側にズレてしまったりします。そしてテストでは問題なくても、高負荷でスクワットをする際にズレが生じてバーベルを垂直に動かせなかったりします。アーチを作ってしっかり克服しましょう。

次にアーチを作るための簡単なエクササイズを紹介します。

**シーテッドカーフレイズ（後脛骨筋、ひらめ筋）**

指を開いて行います

## 自重のスクワット／モビリティエクササイズ

何も担がない自重のスクワット。これはモビリティエクササイズ（可動性エクササイズ）でもあり、問題発見テストにもなります。もちろんバーベルスクワットの練習にも有効です。

自重や軽負荷のバーベルの場合、体の真ん中に重心がきます。高重量の場合は、バーが重心になります。バーベルを担いでスクワットできても自重ではうまく行えない場合、股関節の可動性に問題があるケースがあります。改善のため、次のエクササイズを試してみてください。

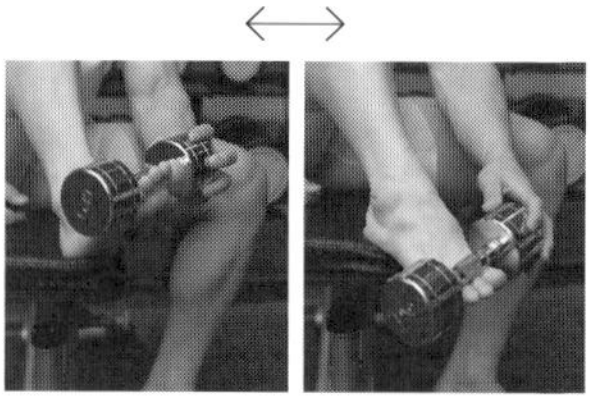

**トゥレイズ（前脛骨筋）**

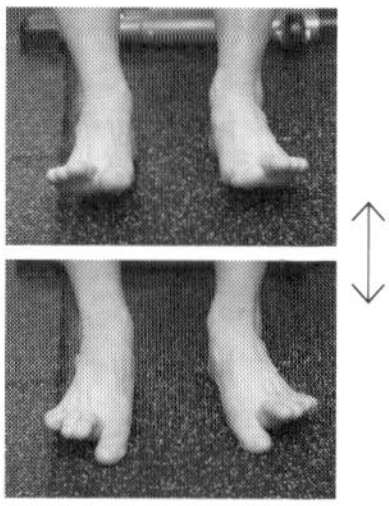

**指の運動**

4本指を反らして、親指だけ屈曲して接地します。慣れたら過負荷で行いましょう

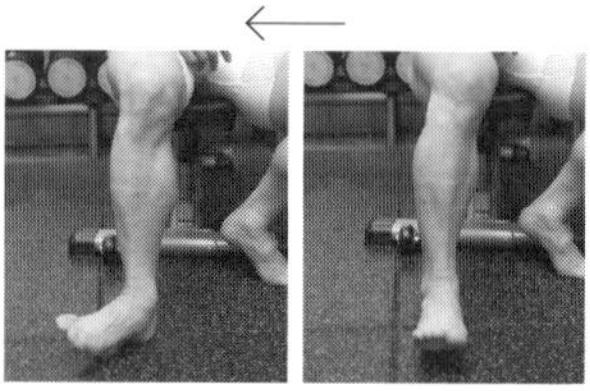

**イスに座って下腿外旋**

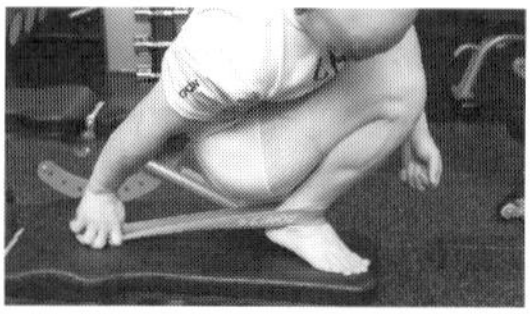

**足首ストレッチ**

トレーニング用のゴムバンドで後ろ方向から牽引しながら足首のストレッチ（膝関節屈曲）。足首の前面を両手で押さえて前に倒します

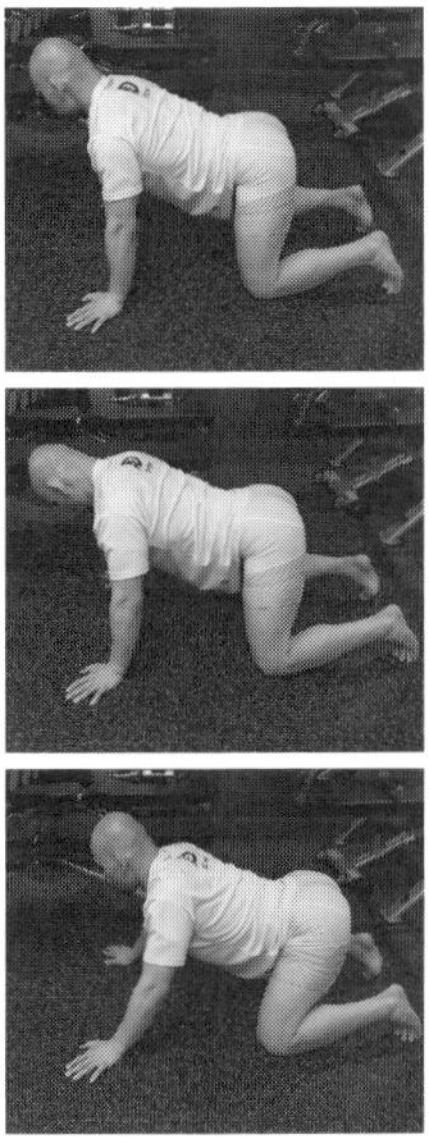

四つん這いで
股関節を前後
（スクワットの
しゃがみテストにもなる）

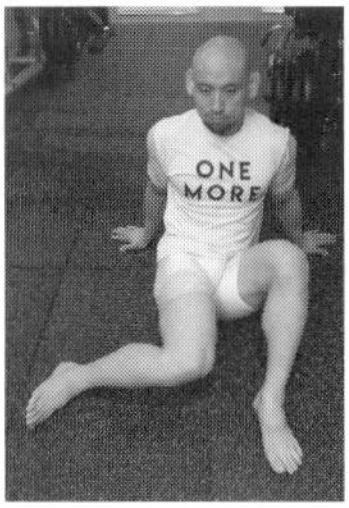


座って内外旋
（女の子座り）

座って内外旋から
前方向にプレス&
向きを変える

ニーリングからの
多方向ランジ・
プラス・ストレッチ

## 胸椎のモビリティエクササイズ

スクワットで必要な柔軟性は下半身だけではありません。正しいフォームを取るために上半身の柔軟性も必要となります。スクワットでの上半身のフォームは胸を張ることがポイント。ですが、胸椎が硬く胸を伸展させられない人も多く見受けられま

立位で股関節の屈曲
（負荷プラスする）

ワールド
グレイテスト
ストレッチ

胸椎の回旋もしっかり意識します

ボトムで内外転
（ミニループ）

脚前後で腸腰筋ストレッチ

スクワット実技編

す。胸が丸まると腰も連動して丸まり腰痛のリスクが高まります。モビリティエクササイズで胸椎の柔軟性を獲得しましょう。

ショルダープレス

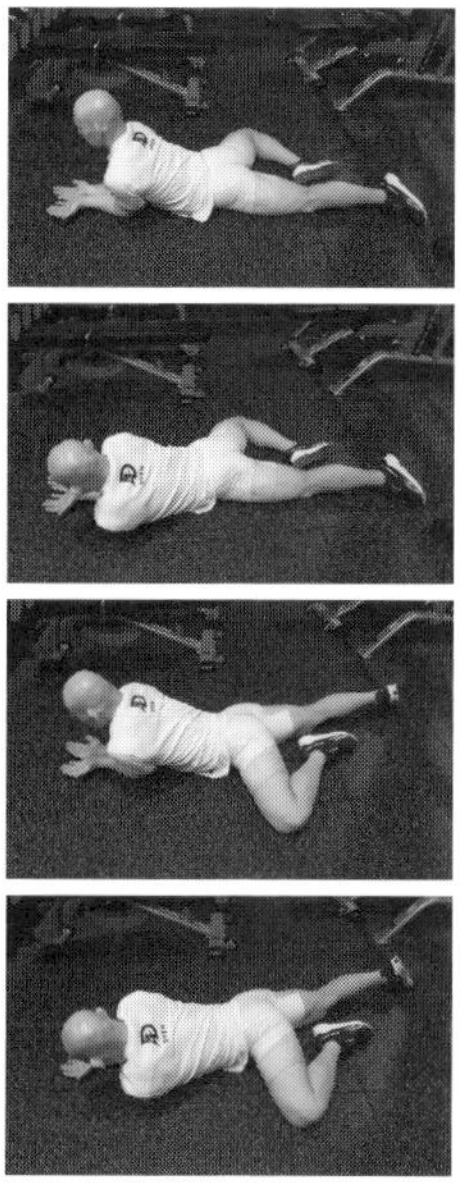

**うつ伏せで胸椎伸展ポジションで胸椎ローテーション**

手の平を上に向けて両肘を合わせるようにして胸を反らします。右股関節を90度に屈曲して外転した位置で胸を反らしたまま、左右の肩を交互に床に近づけます（左右の股関節を入れ替えて同様に行います）

プルオーバー

フロスを巻いて前後に屈曲伸展

フロスを巻いて側屈

## 肩甲帯のアクティブ（筋促通）

スクワットと肩甲骨、一見関係がなさそうですが、担ぎや上背部のコントロールに肩甲骨も関与してきます。デスクワークが多い方は肩甲骨を開く姿勢を取ることが多く、肩甲骨を寄せる動きが苦手な方も多いでしょう。肩甲骨が開くと胸は丸まります。スクワットの際は肩甲骨を寄せて固めることで胸も張れて、スクワットのフォームを維持しやすくなります。肩甲骨のコントロールを身につけて日常の姿勢改善とスクワットのフォームを獲得しましょう。

ドアオープン

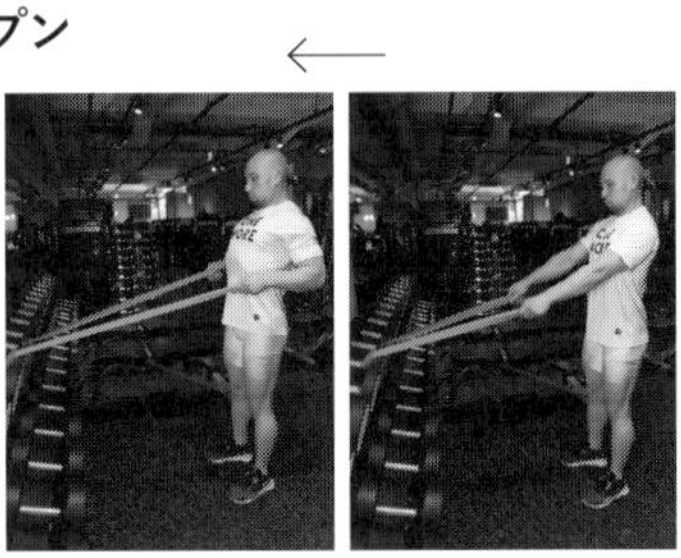

ロウイング

バンド
フロント
レイズ

# 第9章 継続することの重要性

文・山田崇太郎

## トレーニングには計画性を

せっかくスクワットを始めたのなら、継続しないともったいない。逆に言えば、スクワットを生活の一部にしてしまったほうがその後の人生、有意義です。ここでは、続けていくための方法論、考え方について解説していきます。

まず、なんでもデータを元に考えることが大事です。とにかく現状把握。自分がどこにいるのか、どんな状態なのかを記録することで、次回の改善にも繋がります。伸びや成長を把握するためにもトレーニングをノートに記録しましょう。記録があるから振り返れるし、目標設定から逆算してプランを作ることも可能です。目標があるなら、計画を立てましょう。その目標は現実的なものなのか、期間はどの程度か、モチベーションを保つことが計画の完遂には必要です。そのために、達成可能な目標を都

度、設定しましょう。

遠すぎない締め切りを設けるのもポイントです。いわゆる「ショートゴール」です。周囲に目標を公言してしまうことも自分を「やらなくてはいけない状況」に追い込むのには有効です。周囲の理解や協力も仰げますし、何より周囲の目があるからできなかったら恥ずかしいです。日本人は恥の概念はめちゃくちゃ響きます。SNSにも投稿して有言実行。不言実行だと失敗したことにも気づかれません。だから、なんのペナルティもありません。有言して覚悟を示しましょう。

## 1回のトレーニングが1万円、1年で100万円ムダにしている

「なんでもコスパで考えるのはどうなのか」という批判はあるかもしれませんが、せっかく捻出したトレーニングの時間を無駄にしているとしたら、それはとても悲しいことです。トレーニングに行くことで満足する人もいるでしょうが、せっかくなら身体も変えたほうが楽しいです。トレーニングは本来目的でなく手段のはず。

トレーニングも仕事も間違った方法では効果を引き出すことは難しいです。効果のないトレーニングは時間の無駄。トレーニング時間分、そのために費やす移動時間分勤務していたとしたら、時給換算して一般的な年収レンジで計算すると1万円ほど損

失になります。週2回のトレーニングだとすると1カ月で8回、1年間で96回。つまり年間で約１００万円を無駄にしていることになります。１回のトレーニングを無駄にすることは貴重な時間の浪費でお金を失っているのと同じです。

トレーニングのために時間捻出しているというより、トレーニングする環境や世間体を保つために労働をし、トレーニングを中心に考えて仕事を選んでいる筋肉信者もいるにはいます。トレーニングスケジュールを全うすることを第一優先にして定時で帰れる仕事を選択する、ジムの近くに家を借りる、ホームジムのために1室用意するなどなど。肉体労働はトレーニングの重量に影響するからデスクワークを選択。むしろずっとジムにいたいからジムに就職してしまった、ジムをオープンしてしまったという人は私の知り合いには結構います。

ただ効率よく、効果的に目標達成するための最適解を求めるのであれば、正しくトレーニングを学びましょう。意味のよくわからないトレーニングで時間を浪費するのは罪です。本書で紹介したのは最大公約数的な一般的なベースです。忠実に実践することで間違わず、一定までは確実に伸びます。

それ以上を求めるなら、そのときは先のステップに進んでください。ある一定以降は学びながら自分に合ったものを試行錯誤しながら探すしかありません。個々人にとってベストの方法は違うし、一時的には正解でも、その正解がずっと正解であることもありません。トレーニングを続け、あなたにとっての正解を導き出してください。

## 貯金より貯筋

時間と金という限りある資源をどう使うか？　人生の大きなテーマです。"The first wealth is health."「一番のウェルス（＝富）はヘルス（＝健康）である」とはアメリカの哲学者 Ralph Waldo Emerson（ラルフ・ワルド・エマーソン）の格言です。これだけでエマーソンもスクワットが強かったことがわかります（山田調べ）。健康が損なわれると、どれだけお金があっても楽しい経験をする機会も損なわれます。健康状態が良好なら、たとえお金は少なくとも素晴らしい経験ができる可能性があります。また、健康を失うとそのために時間とお金を失います。

「健康 ＞ 時間 ＞ お金」

これらを逆に考えて全てを失う人は非常に多いです。健康維持にかかる金額や時間と病気治療にかかる金額が仮に同じだったとしても、健康ならば働くことができるし楽しい経験もできます。

病気は心も病む。もし健康と病気が同じ価格だったらどちらを買うのでしょうか？

健康の改善は人生を大改善しますし、取り組み方で健康は得られます。

ただ老化に抗うことはできても、避けることはできません。医学的な観点からも骨密度や目の健康（コントラスト感度、網膜の厚さ、視力等）、肝機能等が年齢とともに低下することを示す研究があります。様々な機能や器官は年齢とともに、それぞれ異なる速度で曲線を描きながらその働きを弱めていきます。個人差はあり、もともと健康状態がいい人、長期的に健康を維持できる人はいます。

とはいえ、80歳の方が25歳より健康面で劣るのは間違いありません。体力低下は個人の心がけ次第である程度まで遅らせることができます。例えば非喫煙者の肺機能の低下は喫煙者と比べてはるかに遅い。つまり私たちは体力の低下に抗うことができます。

健康状態がよければ、その年齢での経験をより充実したものにできます。選択肢を狭めずに済みます。一生を通じて健康状態を維持するほど人生の充実度を上げられます。「今ならできる」を増やせるんです。やっぱりそのタイミングや年齢じゃないとできないことはあります。様々なバイトを経験するのも10代、20代までで、40代にもなると10代のバイト仲間に溶け込めません。合コンも50代では終活かパパ活です。適齢はあります。

「何かを始めるのに遅すぎることはない」という言葉がみんな好きです。ですが、実際のところ取り返しがつかないことはあります。空気を読んでください。40代で若作りして10代の服装をしていてもシュールじゃないですか。どうやっても加齢には完全に抗えません。この本で人生を最大限に楽しむための体力を得るための知識やライフハックは得られても不老不死の情報は得られません。少しでも老化に抗うためにはまずスクワットで貯筋。スクワットを続けましょう。

**肥満問題の本質**

肥満のために膝が悪い、運動不足で筋力が落ちている、体型にコンプレックスがあるといった理由で水泳や日光浴などを避けている人はいないでしょうか?

誰かと一緒にアウトドアに遊びにいってもすぐに息が上がって、せっかくの機会を存分に楽しむことができない。仕事で収入を増やしてもそのお金を楽しめるだけの健康を損なってしまっている。もったいないです。

身体能力を損なう原因の多くは怪我だけではなく、単なる怠慢な健康管理に根ざしていることが大半です。年齢を重ねて健康を大きく崩すと、元に戻すのは極めて難しい。だからって諦めてはいけません。あなたの人生で今が一番若いのですから。

ちょっと太っているくらいだから大丈夫。そんな自己認識の甘さが全てを奪うのです。5kg太る→膝に負担→痛みから運動を避けて活動量と筋肉量の低下→さらに体重が増える→他の健康問題も引き起こす…、恐怖のループです。

大した問題でないような健康の悪化が他の深刻な健康問題を招き、いずれ日常的な動作すらままならなくなっていきます。詰みです。

脳は身体を動かすためにできています。運動することでストレスや不安に対処できます。身体を動かすと心が健康になる。運動によって知的機能を向上させるのです。集中力、記憶力、ストレスにも強くなる。多くの人がストレスを受け、デジタル情報の洪水に溺れそうになっている今、運動はスマートな対抗策。衝動を抑える、自制するために運動が効果的。20分運動するだけで楽に衝動を抑えられるようになる。数カ月定期的に運動をした場合、よりよくなります。

食欲という衝動を抑えるためにもスクワットは効果的です。スクワットで筋力低下を抑えて、活動量を増やすことで消費カロリーも稼げて自制も効くようになり、食事コントロールもはかどるので肥満解消です。

つまりは、こういうことです。ただしゃがんで、立つだけで人は幸せになれるのです。

# おわりに

トレーニングで成果を出すために重要な要素として「継続」があります。基本的にトレーニングは勉強ができる人に適しているはずなんです。一番大事な「習慣化して継続する能力」は持っているのですから、ゴールから逆算してプランを立てて問題解決していけばいい。トレーニングと勉強は相性がとてもいいのです。

何のためにスクワットをやるのか。なぜ始めようとしたのか。まず志を立てましょう。その動機を思い出すことはモチベーションに再び火をつけ、サボったり手を抜いたりすることをいくらか予防できます。

ずっと遠くにある大目標でなく、手が届きそうな小目標にしてみましょう。2時間のスクワットでなく100分の1のスケールでいいんです。まずは60秒だけスクワット。「とにかく頑張る」は繰り返せません。小さな量でもって行動と夢を結びつけましょう。ちょっとだけでも、すぐやるんです。

次は時間を確保しましょう。そのために時間使用の実態を把握する、「やること」「やらないこと」を整理する。やるべきこと（スクワット）に時間を割り当てる。そして、取り掛かる（深くしゃがむ）。

記録も取りましょう。行動記録表はタイムマネジメントで時間資源を把握するだけでなく、セルフモニタリングになります。控えたい行動を減らし、習慣化したい行動を増やせます。

ジムでの滞在中の時間配分もきっちりと行っていきます。同じ1時間でも、その時間をだらだら過ごすか、それとも有意義なものにするかは自分自身の取り組み次第。とはいえ1時間ずっと気を張るというより、無駄な時間を作らず、メインパートでしっかり集中できるように整えていくようにします。

例えば30分のトレーニングでスクワットを5レップ×10セットは行いたいとします。スクワットではそれなりの重量を扱うのでインターバルは60秒は欲しい。10セットの場合、インターバルは9回になるので60秒×9回で約10分。5レップの時間が挙げる動作に3秒、降ろすのに3秒として30秒×10セットで5分。ウォームアップ、プレートの着脱で3分。清掃に2分。ここまでで計20分。残りの10分をスクワットを効果的に行うためのプレトレーニングや可動域を確保するアップに使っていきます。

計画して逆算することで、「何分までにアップを終わらせる」とタイムマネジメントを行うことで効率的に動くことができます。ウォームアップは心をスクワットに向かわせるためにも必要。トレーニング、スクワット前にルーティーンを作ることを推奨します。

日常でも皆さんには決まったルーティーンがあると思います。起きたらまずカーテンを開けて日光を浴びてコーヒーを飲みながらメールボックスをチェックする。アスリートも試合前に集中するために再現性のある儀式を行います。ラグビーの五郎丸歩選手が行っていたお祈りやイチローが打席前にやっていた肩入れ体操などですね。スクワットはやはりしんどいですし、恐怖を感じる種目だと思います。スムーズにスクワットに入っていくために自分なりのルーティーンを作ってみましょう。

ルーティーンを作る前の私なんかは脚のトレーニングが憂鬱すぎて、ジムについてから30分くらい座っていたことがありました。これから迎えるしんどさやスクワットで潰れるんじゃないかという恐怖に葛藤していました。こんな無駄な時間を過ごすならウォームアップをしたらいいんです。心が先か身体が先か。とりあえず身体を動かすんです。メンタルだって動きや姿勢に大きく影響されます。背中を丸めてたら自信もなくなるし、周囲からだって自信がなさそうに見られるんです。形から入る。胸を張れば自信だって持てるかもしれません。

悩んでいても答えなんて出ないし、解決もしない。考えるより行動しましょう。まず動く。するとあとから気持ちもついてきます。では、最後にの締めにこの言葉を。

## 筋肉格言

# 案ずるよりも、しゃがむが易し。
# しゃがみよければすべてよし

山田崇太郎

| | | | | |
|---|---|---|---|---|
| 73 | 35歳からのカラダルールBOOK | 谷本道哉 | 野球気社 | 2016/1/30 |
| 74 | 使える筋肉をつくるトレーニングマニュアルwith DVD | 谷本道哉、荒川裕志 | 晋遊舎 | 2009/5/1 |
| 75 | わんニャンたいそう | 谷本道哉 | ベースボール・マガジン社 | 2014/11/1 |
| 76 | スロートレーニング・クイック・ビューティーダイエット | 石井直方、谷本道哉 | 毎日コミュニケーションズ | 2009/1/14 |
| 77 | 使える筋肉、使えない筋肉　実技編 | 谷本道哉 | ベースボール・マガジン社 | 2008/4/1 |
| 78 | お腹がやせる「体幹」体操 | 谷本道哉 | マイナビ | 2014/1/18 |
| 79 | 筋トレバイブル　アスリート編 | 谷本道哉 | ベースボール・マガジン社 | 2006/12/1 |
| 80 | 一生メタボにならない!お腹がやせる凹トレーニング | 石井直方、谷本道哉 | 毎日コミュニケーションズ | 2010/4/24 |
| 81 | 強くなる近道　力学でひもとく格闘技 | 荒川裕志、谷本道哉 | ベースボール・マガジン社 | 2009/2/1 |
| 82 | すごい筋肉貯金「ながら筋トレ」で死ぬまで歩ける筋肉を貯める方法 | 谷本道哉 | 宝島社 | 2018/8/22 |
| 83 | スポーツがうまくなる!!身体の使い方、鍛え方 | 谷本道哉 | マイナビ出版 | 2012/7/24 |
| 84 | 筋トレまるわかり大事典 | 谷本道哉 | ベースボール・マガジン社 | 2010/6/8 |
| 85 | 人生を変える筋トレ | 谷本道哉 | 総合法令出版 | 2019/5/10 |
| 86 | スロトレ完全版 | 谷本道哉 | 高橋書店 | 2009/10/8 |
| 87 | 谷本道哉のすぐやる健康体操 | 谷本道哉 | 中央公論新社 | 2020/9/29 |
| 88 | 体脂肪を燃やす最強トレーニング　1日5分スロー&クイック | 石井直方、谷本道哉 | 高橋書店 | 2017/4/7 |
| 89 | 毎日4分で超快適!超ラジオ体操 | 谷本道哉 | 扶桑社 | 2019/9/1 |
| 90 | みんなで筋肉体操語録　あと5秒しかできません! | 谷本道哉 | 日経BP | 2019/9/12 |
| 91 | 使える筋肉、使えない筋肉　アスリートのための筋力トレーニングバイブル | 谷本道哉、荒川裕志、石井直方 | ナツメ社 | 2018/11/12 |
| 92 | 使える筋肉・使えない筋肉・筋トレを行うすべてのアスリートに贈る!<br>筋トレでつけた筋肉は本当に使えないのか? | 谷本道哉 | 山海堂 | 2005/3/1 |
| 93 | 筋肉の使い方・鍛え方パーフェクト事典 | 荒川裕志、石井直方 | ナツメ社 | 2015/9/10 |
| 94 | スポーツ科学の教科書 | 谷本道哉 | 岩波書店 | 2011/12/21 |
| 95 | 学術的に「正しい」若い体の作り方-なぜあの人だけが老けないのか? | 谷本道哉 | 中央公論新社 | 2020/2/6 |
| 96 | 10秒から始める!　カッコイイ体を作る簡単筋トレ | 谷本道哉 | 学研プラス | 2010/6/1 |
| 97 | スロトレ | 谷本道哉 | 高橋書店 | 2004/6/18 |
| 98 | 強く美しいカラダを手に入れる超・尻トレ | 谷本道哉 | 日経BP | 2019/11/22 |
| 99 | 動的ストレッチメソッド | 谷本道哉 | サンマーク出版 | 2017/9/15 |
| 100 | 使える筋肉・使えない筋肉　理論編 | 谷本道哉 | ベースボール・マガジン社 | 2008/4/1 |
| 101 | ブレインノート | 廣戸聡一 | 日本文芸社 | 2019/9/18 |
| 102 | 4スタンス理論　格闘技版 | 廣戸聡一 | ベースボール・マガジン社 | 2008/5/1 |
| 103 | 陸上競技版　4スタンス理論 | 廣戸聡一 | ベースボール・マガジン社 | 2009/10/17 |
| 104 | 4スタンス理論　正しい身体の動かし方は4つある | 廣戸聡一 | 池田書店 | 2007/12/5 |
| 105 | 4スタンス　筋力トレーニング | 廣戸聡一 | 池田書店 | 2008/5/16 |
| 106 | 4スタンス理論バイブル | 廣戸聡一 | 実業之日本社 | 2014/11/28 |
| 107 | 世界一やせるスクワット | 坂詰真二 | 日本文芸社 | 2017/9/22 |
| 108 | どんなに体がかたい人でもベターッとできるようになるすごい方法 | Eiko | サンマーク出版 | 2016/4/27 |
| 109 | 自分史上最高の柔軟性が手に入るストレッチ | 村山巧 | かんき出版 | 2019/7/18 |
| 110 | 動かないゼロトレ | 石村友見 | サンマーク出版 | 2019/9/5 |
| 111 | 筋力強化の教科書 | 石井直方、柏口新二、高西文利 | 東京大学出版会 | 2020/7/29 |
| 112 | ウケる筋トレ | なかやまきんに君 | 学研プラス | 2018/10/23 |
| 113 | 肩甲骨が立てばパフォーマンスは上がる | 高岡英夫 | カンゼン | 2018/5/9 |
| 114 | 骨盤と仙腸関節の機能解剖: 骨盤帯を整えるリアラインアプローチ | ジョン・ギボンズ | 医道の日本社 | 2019/5/10 |
| 115 | 筋肉と関節の機能解剖パーフェクト事典 | 山口典孝 、左明 | ナツメ社 | 2016/6/10 |
| 116 | DVDでよくわかる!ウェイトトレーニングビッグスリー再入門 | 岡田隆 石井直方 | ベースボール・マガジン社 | 2013/4/1 |
| 117 | 死ぬまで歩くにはスクワットだけすればいい | 小林弘幸 | 幻冬舎 | 2017/10/24 |
| 118 | 70歳、医師の僕がたどり着いた鎌田式「スクワット」と「かかと落とし」 | 鎌田實 | 集英社 | 2019/5/24 |
| 119 | 本当に必要な「ゆるスクワット」と「かかと落とし」<br>～骨と筋肉、どっちも大事。ほどよい運動で若返る。～ | 中村幸男 | 小学館 | 2018/7/10 |
| 120 | 3週間集中! スクワットで3kgやせる | 横手貞一朗 | 宝島社 | 2020/7/14 |
| 121 | 医者が教えるサウナの教科書<br>ビジネスエリートはなぜ脳と体をサウナでととのえるのか? | 加藤容崇 | ダイヤモンド社 | 2020/3/4 |
| 122 | 空手バカ一代(完全復刻版) 1 | 梶原一騎、つのだじろう | 講談社 | 1995/1/1 |
| 123 | われらの時代・男だけの世界: ヘミングウェイ全短編 | アーネスト・ヘミングウェイ | 新潮社 | 1995/10/1 |
| 124 | 科学的に正しい筋トレ 最強の教科書 | 庵野拓将 | KADOKAWA | 2019/3/28 |
| 125 | ゴールドジム・メソッド　アドバンス | トレーニングマガジン編集部 | ベースボール・マガジン社 | 2019/11/14 |
| 126 | ゴールドジム・メソッド | トレーニングマガジン編集部 | ベースボール・マガジン社 | 2015/7/2 |

## 参考文献（学術論文その他）

| | 文献名 | 著者名 | 出版社名 | 発売日 |
|---|---|---|---|---|
| 1 | Body mass index and mortality from all causes and major causes in Japanese: results of a pooled analysis of 7 large-scale cohort studies | Sasazuki et.al | | 2011 |
| 2 | The Leveraging Exercise to Age in Place (LEAP) Study: Engaging Older Adults in Community-Based Exercise Classes to Impact Loneliness and Social Isolation | Allison MoserMays et.al | | 2020 |
| 3 | Alterations in Brain Structure and Amplitude of Low-frequency after 8 weeks of Mindfulness Meditation Training in Meditation-Naïve Subjects | Chuan-Chih Yang et.al | | 2019 |
| 4 | 整形外科領域におけるピエゾ効果について | 井上四郎 | 人工臓器12巻6号 | 1983 |
| 5 | Nutritional regulation of muscle protein synthesis with resistance exercise: strategies to enhance anabolism | Tyler A Churchward-Venne et.al | | 2012 |
| 6 | 身体組成との関連でみたスポーツ選手の皮下脂肪厚 | 石田良恵 | 日本体育学会第39回大会 | 1988 |
| 7 | からだ(體)を知る | 麻見直美 | Isotope News 6月号 | 2020 |
| 8 | うつ・不安にかかわる脳内神経活動と運動による抗うつ・抗不安効果 | 北一郎 | スポーツ心理学研究 第37巻 第2号 | 2010 |
| 9 | Hormones and diet: low insulin-like growth factor-I but normal bioavailable androgens in vegan men | N E Allen et.al | | 2000 |
| 10 | テストステロン:すべての男性の活力の源 | 松田公志、辻村晃 | 日本Men's Health医学会 Vol.10 | 2012 |
| 11 | 日本人菜食主義者における生活習慣病予防の観点から見た栄養状態の特徴に関する研究 | 中本桂子 | | 2008 |
| 12 | アスリートの引退後における生活習慣と健康状態の関連性について | 畠山朝美 | | 2018 |
| 13 | 大腿部脂肪吸引術後に壊死性筋膜炎を生じた1例 | 柴田裕達、毛利麻里、内沼栄樹 | | 2003 |
| 14 | アスリートの栄養摂取と食生活 | 日本スポーツ協会 | | |
| 15 | 加齢にともなうテストステロン分泌の衰えについて | 大東製薬工業株式会社 | | |
| 16 | 令和2年版厚生労働白書 | 厚生労働省 | | 2020 |

## 参考文献（雑誌）

| | 文献名 | 著者名 | 出版社名 | 発売日 |
|---|---|---|---|---|
| 1 | トレーニングマガジン | | ベースボール・マガジン社 | |
| 2 | 月刊ボディビル | | 体育とスポーツ出版社 | |
| 3 | アイアンマン | | フィットネススポーツ | |